AI 위험과 인간의 대응

인공지능총서

인공지능 시대입니다. 기계가 인간의 인지를 대신하고, 사물이 인간을 통하지 않고 다른 사물과 직접 커뮤니케이션합니다. 이에 따른 인간 삶과 문명 변화를 정확히 이해 · 예측 · 대응하는 것은 이 시대 우리 모두의 과제입니다. 인공지능총서는 인공지능 기술과 환경의 여러 주제를 10가지 키워드로 정리합니다. 관련 개념과 이론, 학계와 산업계의 쟁점, 우리 일상의 변화를 다룹니다. 인간과 기술의 현재, 미래를 세심히 분석합니다.

일러두기

- 인명, 작품명, 저서명, 개념어 등은 한글과 함께 괄호 안에 해당 국가의 원어를 병기했습니다.
- 외래어 표기는 현행 어문규정의 외래어표기법을 따랐습니다.
- 이 책은 2019년도 정부(과학기술정보통신부)의 재원으로 정보통신기획평가원의 지원(No. 2019-0-01842, 인공지능대학원지원(광주과학기술원))과 2024년도 정부(과학기술정보통신부)의 재원으로 한국연구재단의 지원(No. 2022R1A5A7083908)을 받아 수행된 연구임.

AI 위험과 인간의 대응

박도현

대한민국, 서울, 커뮤니케이션북스, 2025

AI 위험과 인간의 대응

지은이 박도현
펴낸이 박영률

초판 1쇄 펴낸날 2025년 1월 3일

커뮤니케이션북스(주)
출판 등록 2007년 8월 17일 제313-2007-000166호
02880 서울시 성북구 성북로 5-11
전화(02) 7474 001, 팩스(02) 736 5047
commbooks@commbooks.com
www.commbooks.com

ISBN 979-11-7307-067-9 03500

책값은 뒤표지에 표시되어 있습니다.

차례

AI와 위험 관리 vii

01 AI 위험의 정체 1

02 AI 원칙의 수립 9

03 신뢰성과 안전성 19

04 원칙에서 실천으로 27

05 기술 규제의 부상 37

06 위험 기반 AI 규제 47

07 한국의 AI 규제 57

08 AI 혁신과 규제 67

09 AI 전략과 규범 75

10 AI 위험의 미래 85

AI와 위험 관리

오늘날 세계 각지에서는 인공지능의 편익을 극대화하기 위해 다양한 노력을 기울이고 있다. 그러면 이를 달성하기 위한 구체적 방안은 무엇일까? 당연히 인공지능 기술과 산업에 유인을 제공하거나 불필요한 규제를 혁파하는 등의 활성화 정책이 가장 먼저 떠오를 것이다. 그러나 놀랍게도 미국 연방정부 산하기관이 발간한 한 보고서에 따르면, 그 비결은 인공지능의 위험을 적절히 관리하는 것이라고 한다(NIST, 2023). 인공지능이 만들어 내는 위험이 적절히 관리되지 않으면 기술에 대한 대중의 신뢰가 저해될 수 있고, 이에 따라 산업의 발전이 지체될 수 있기 때문이다. 그리하여 최근 발효된 유럽연합의 인공지능법을 필두로 한 일련의 위험 관리 방안이 세계 각지에서 논의되고 있다.

위험 관리(risk management)는 재차 '위험'과 '관리'라는 두 가지 항목으로 세분화할 수 있다. 따라서 인공지능의 위험 관리를 위해서는 결국 인공지능의 위험에 대한 이해와, 인공지능의 위험을 어떻게 관리할 것인지에 대한 대안의 제시가 요구된다. 이때 인공지능은 신기술의 일종이므로, 인간 자신이 아닌 그들이 만들어 낸 기술로부터 초래된 위험을 관리하는 방안이 중요해진다.

현대 사회를 이전 시기와 차별화하는 가장 큰 원동력은 바로 고도화된 기술이다. 세상에는 매일같이 우리의 삶을 혁신하는 신기술이 출현하고 있고, 이를 통해 인류는 오늘날과 같은 발전된 문명을 이룩했다. 그러나 세상 모든 것에 양면이 있듯, 신기술은 무한한 편익과 함께 인간에게 그동안 경험하지 못한 위험을 안겨 주었다. 이러한 위험은 인간 사회의 위험이 기술에 고스란히 반영된 산물이거나, 인간과 기술의 불완전한 상호작용에 의해 기존의 위험이 확대 재생산된 산물이다(O'Neil, 2016).

학술적 정의에 따르면, 위험이란 어떤 부정적 사건의 가능성과 중대성의 조합을 가리키는 개념이다. 신기술 맥락에서 보면, 인공지능과 같은 이전에 없었던 기술의 출현에 따른 해악의 확률과 크기가 위험의 출처가 되는 셈이다. 그리고 인공지능도 신기술인 이상, 이러한 도식의 예외가 되지는 않는다. 더욱이 인공지능이 인간의 의사 결정을 보완하고 대체하는 이상, 이에 따른 위험은 여타 신기술에 비해 더욱 증폭될 여지가 있다.

큰 틀에서 위험은 가능성이 큰 경우, 중대성이 큰 경

우, 가능성과 중대성 모두 큰 경우라는 세 종류로 유형화할 수 있다. 먼저 일상에서 접하는 무수한 프라이버시 침해는 해악의 중대성은 낮지만 가능성이 큰 경우다. 자율주행 자동차 사고는 그 가능성은 크지 않더라도 일단 일어나면 생명과 신체에 중대한 해악을 가져다준다. 나아가 인공지능이 점차 고도화될수록 점차 강도와 확률이 모두 큰 해악이 발현할 여지도 배제하기 어렵다. 아직 우리 인류는 인공지능의 모든 위험을 파악하지 못한 상태이지만, 이론상 세 종류의 위험이 모두 발생할 여지가 있는 셈이다.

그러나 인간은 이러한 위험에 능동적으로 대처하는 능력을 보유한 존재로, 우리는 이와 같은 능력을 지능이라고 일컫는다. 지능적 존재인 인류는 법, 윤리, 교육과 같은 다양한 수단을 바탕으로 위험에 대처해 왔고, 신기술이 만들어 낸 위험이라고 해도 이는 크게 다르지 않다. 인류가 위험에 대처하기 위해 만들어 낸 일련의 방법론을 가리키는 개념이 바로 위험 관리다. 위험 관리는 인류를 신기술의 위험으로부터 존속할 수 있도록 하는 동시에, 인류가 만들어 낸 신기술이 인간 사회에 안착할 수 있도록 하는 중요한 매개체로 기능한다.

이미 비즈니스 분야에서 위험 관리는 널리 활용되는

개념이 되었지만, 이것이 인공지능 기술에 적용될 수 있다는 발상은 생소한 것처럼 보인다. 그러나 우리는 이미 이러한 논리를 인공지능 분야에 꾸준히 적용하고 있다. 인간의 의사 결정을 인공지능이 대체할 경우 생길 수 있는 무수한 사회적, 윤리적 부작용에 대한 논의는 결국 인공지능의 위험을 말하는 것이고, 이에 대한 정책적 담론은 결국 위험 관리를 말하는 것이기 때문이다. 오늘날 각국의 규제 당국은 이러한 문제의식에서 인공지능의 위험을 정의하고, 이를 관리하기 위한 다양한 방안을 제시하고 있다.

한편 인공지능 기술 맥락에서 위험 관리는 기존과 차별화되는 독특한 특징을 지닌다. 그것은 바로 위험의 원천인 인공지능 기술이 동시에 위험 관리의 수단이 되기도 한다는 것이다. 물론 인간 사회의 전통적 규범이 위험 관리의 1차적 도구가 되는 것은 사실이지만, 여기에 더해 다양한 기술적 방법론이 위험 관리의 보조적 도구로 활용될 수 있다. 이에 따라 인공지능 기업은 물론 학계에서도 위험 관리에 활용되는 기술적 방법론을 개발하기 위한 다양한 노력을 전개하고 있다.

다만 인류는 인공지능 기술이 만들어 낸 위험을 맞닥뜨린 지 얼마 되지 않았기에, 이에 대한 가치판단이 아직 명확히 이루어지지 못한 상황이다. 어떤 위험을 수용하고 배척할지에 대한 공감대가 형성되지 않은 상황에서 이루어지는 위험 관리는 자칫 일방적 소통이 될 수도 있다(김영욱, 2021). 특히 몇 가지 기술적 수단이나 이들의 표준화 작업을 통해 인공지능이 유발한 모든 위험을 관리할 수 있다는 생각은 또 다른 위험의 원천이 될 수 있다. 인공지능은 분명 기술이지만, 그것이 사회에 미치는 영향력은 인간의 가치판단에 의해 평가되어야 하는 대상이기 때문이다. 따라서 인공지능 위험 관리가 기술 분야의 전문가에게 국한된 것이라는 생각에서 벗어나, 우리 모두 이 논의의 당사자라는 인식을 가질 필요가 있다.

결론적으로 인공지능의 위험 관리는 어느 한 주체의 노력만으로 이루어질 수 있는 것이 아니다. 규제 당국, 기업 및 산업 현장, 학계, 나아가 모든 시민의 참여가 동반될 때 비로소 달성할 수 있다. 많은 이들이 인공지능의 장밋빛 미래를 꿈꾸는 바로 지금이야말로 이와 같은 논의를 본격화할 적기다. 인공지능의 위험에 대한 올바른 이해와 적절한 대응에 기초했을 때, 인공지능 기술과 산업은 더욱 번창할 수 있을 것이다. 이 책은 이와 같은 문제의식과 목표 아래 저술했다.

논의의 개관

이 책은 10장으로 구성되어 있지만, 크게 볼 때 네 개의 논의를 실제 이 분야의 연혁에 따라 전개하고 있다. 먼저 1장은 전체적 논의의 배경이 되는 인공지능 위험이 무엇인지에 대한 개념을 정립하는 부분이다. 인공지능 위험은 그 동전의 이면에 있는 편익과의 교차점에 위치한다. 1장의 논의를 통해 인공지능 위험이 단일한 의미로 정의하기 어려운 복합적 개념임을 알 수 있다. 이처럼 확고하게 정립된 인공지능 위험 개념을 바탕으로, 이하에서는 이에 대한 인간의 대응인 위험 관리의 방법론에 대해 본격적으로 살펴본다.

오늘날 인공지능 위험 관리의 양대 축은 자율 규제와 강제 규제다. 이하에서는 이를 역사적 흐름에 따라 자율 규제(2~5장)와 강제 규제(6~7장)의 두 가지 개념으로 구분짓는다. 그리하여 인공지능 자율 규제의 시작점에 해당하는 원칙 논의를 살펴보고(2, 3장), 원칙이 가진 한계로 인해 그것이 거버넌스로 확장되는 과정을 탐구한다(4, 5장). 이어서 유럽연합 인공지능법 논의가 시작되면서 자율 규제가 강제 규제 패러다임으로 변화한 과정(6장)과, 그것이 우리나라의 입법 논의에 끼친 영향(7장)을 검토한다. 이로부터 한국의 인공지능 위험 관리는 유럽연합과 미국이라는 양대 규제 당국의 영향을 받은 동시에 나름의 독자적 노선을 추구하고 있다는 사실을 파악할 수 있다.

이러한 논의를 바탕으로, 8장과 9장에서는 인공지능 규제를 바라보는 두 가지 상반된 해석에 대해 살펴본다. 먼저 8장에서는 인공지능 규제가 혁신의 적이라는 혁신과 규제의 이분법을 논의하고, 이러한 도식이 가진 한계를 규명한다. 이어서 9장에서는 인공지능 규제를 보편타당한 도덕규범과 동일시하는 이론적 논의의 의의와 한계를 논의한다. 이를 통해 인공지능 규제의 도구적 가치와 내재적 가치의 조화가 위험 관리의 최종적 목표여야만 한다는 사실을 알 수 있다. 무엇보다도 중요한 것은 우리 인간이 인공지능 기술을 통해 어떤 미래 사회를 꿈꾸느냐는 것이고, 인공지능 규제는 그러한 방향으로 나아가야 할 것이다.

끝으로 10장에서는 최근 급부상하고 있는 차세대 인공지능 기술이 위험 관리에 던지는 시사점에 대해 논의한다. 일각에서는 최근 급부상하고 있는 파운데이션 모델을 강인공지능 또는 일반 인공지능의 초기 버전으로 보고 있는데, 이러한 추세가 지속된다면 특이점의 달성은 시간문제일 것이다. 그동안 인류가 마련한 인공지능 위험 관리 방안은 대체로 약인공지능에 특화된 것이므로, 이것이 퇴색되지 않기 위해서는 미래지향적 인공지능에 대한 논의도 꾸준히 함께 이루어질 필요가 있다.

한 가지 강조하고자 하는 사실은, 인공지능 위험 및 위험 관리 논의는 현재진행형이라는 것이다. 이 분야 자체가 탄생한 지 얼마 되지 않았고, 인공지능 기술의 발전 및 활용 양상이 달라짐에 따라 급속히 변화하고 있다. 따라서 이 책이 이와 관련된 모든 내용을 다루고 있지 않고, 다루는 것이 가능하지도 않다. 중요한 것은 이와 같은 논의를 통해 인공지능 위험에 대한 인류의 이해는 더욱 깊어질 것이고, 이를 통해 인간은 인공지능 시대에 점차 적응해 나갈 것이라는 사실이다. 그러면 지금부터 본격적 논의를 시작해 보도록 하자.

참고문헌

김영욱(2021). 『위험불통사회』. 이화여자대학교출판문화원.

NIST(2023). Artificial intelligence risk management framework (AI RMF 1.0), https://nvlpubs.nist.gov/nistpubs/ai/nist.ai.100-1.pdf

O'Neil, C.(2016). Weapons of math destruction. Crown.

01
AI 위험의 정체

AI 위험이란 무엇인가. AI에 잠재해 있는 무한한 편익의 이면에는 그것이 만들어 낼 수 있는 여러 종류의 해악이 있다. 널리 알려진 일련의 사건을 통해 우리는 AI의 양면성을 알게 되었지만, 양자를 어떻게 조율할 것인지에 대해서는 많은 고민이 필요하다. AI 위험을 적절히 규제하면서도 그것의 편익을 극대화하는 혜안이 절실한 이유다.

인공지능의 명과 암

바야흐로 인공지능의 시대가 도래했다. 세계 각국과 글로벌 기업체들은 저마다 인공지능 시대를 맞아 이에 뒤처지지 않기 위한 정책과 전략을 제시하고 있다. 특히 챗GPT로 대표되는 생성형 인공지능의 출현 이후 이러한 흐름은 점차 가속화되는 추세다. 알파고 쇼크를 통해 인공지능 기술의 혁신을 누구보다도 먼저 목격한 우리나라도 예외가 아니다. 정부는 2019년 범부처 합동으로 인공지능 국가전략을 제시했고(관계부처 합동, 2019), 새로운 정부도 인공지능 기술과 산업을 촉진하기 위한 다양한 노력을 꾸준히 추진하고 있다.

이처럼 인공지능에 많은 기대가 실리는 이유는 그것의 범용기술적 특징 때문이다. 인공지능은 특정 영역이나 사용자에게만 영향을 미치는 것이 아니라 사회 전반에 영향을 미쳐 생활 양식을 근원적으로 변혁할 힘을 가지고 있다는 것이다. 그리하여 인공지능은 과거 기계, 전기, 정보가 불러온 것과 유사한 산업혁명의 동인으로 인식되고 있다. 이러한 상황에서 인공지능 기술과 산업에 대한 장밋빛 예찬은 극히 당연한 반응이고, 여기에 다른 의견을 제시하는 일은 일종의 '뒷다리 잡기'와 같은 행태로 비치기까지 한다.

그러나 인공지능 시대가 왔다고 해서, 인공지능이 아무런 부작용도 낳지 않는다는 것은 허구적 신화에 불과하다. 이미 우리의 일상에 자리 잡은 인공지능은 크고 작은 문제를 일으키고 있다. 자율주행 자동차가 사람의 목숨을 앗아가기도 하고, 인공지능 챗봇이 개인정보를 유출하기도 하며, 딥페이크나 가짜뉴스와 같은 인공지능 생성물이 커다란 사회적 논란이 되기도 한다. 나아가 인공지능이 인간의 노동을 대체하거나, 일반 지능으로 도약해 인류 존재를 위협하는 등 공상과학 소설에나 등장할 법한 일들이 이제는 진지하게 검토되고 있기도 하다. 동전의 양면처럼 모든 일에는 명과 암이 있고, 인공지능 기술도 예외가 아닌 셈이다.

지난 2023년 3월, 인간에게 이로운 첨단 기술을 추구하는 비영리 조직인 '생명의 미래 연구소(Future of Life Institute)'는 전 세계인들의 이목을 집중시킨 공개 서한을 발표했다. 일론 머스크, 유발 하라리와 같은 유명인은 물론 요슈아 벤지오, 스튜어트 러셀과 같은 인공지능 분야의 대가들이 다수 서명한 이 서한은 세계적으로 GPT-4를 능가하는 인공지능 기술 개발을 최소 6개월 이상 중단할 것을 주장해 커다란 반향을 불러일으켰다 (Future of Life Institute, 2023). 인공지능이 가져올 편익을 부정한 것이 아니라, 그것이 가진 잠재적 위험을 인류가 관리할 수 있다는 확신이 없다는 것이 그 이유였다.

물론 이러한 주장은 지나치게 극단적이고 해당 조치의 실효성이 있는지도 의문이다. 인공지능 기술에 잠재적 위험이 내재해 있다고 해서 곧바로 인류가 이를 관리할 만한 역량이 없다고 단정 짓고 기술 개발의 전면적 중단을 결론으로 제시하는 것은 과도한 처사처럼 보인다. 더구나 경쟁이 격화된 시점에서 모든 참여자가 일시에 기술 개발을 중단한다는 생각은 지나치게 순진한 발상이라는 의구심도 든다. 그리하여 비판적 입장의 평론가들은 이러한 주장이 충분한 기술력을 보유한 선도자의 '사다리 걷어차기'에 불과하다는 반응을 보이기도 했다.

인공지능 위험의 다양한 의미

앞서 본 문제를 합리적으로 해결하기 위해서는 무엇을 '인공지능 위험(AI risk)'으로 규정할지에 대한 합의가 선행될 필요가 있다. 인공지능이 인류에게 편익만이 아닌 해악을 가져올 수 있다는 것에 대해서는 별다른 이견이 없다. 그러나 그것을 규제의 대상으로 삼을지, 삼는다면 어떤 형태의 규제를 채택할지에 대한 견해는 제각각이다. 생명의 미래 연구소가 발표한 서한에 대한 반박 역시 인공지능이 해악을 가져올 수 있다는 사실 자체에 대한 부정이 아니라, 그에 상응한 규제의 여부나 정도에 대한 비판으로 해석하는 것이 타당하다.

이 문제에 대한 가장 완화된 입장은 인공지능이 설령 해악을 초래할 여지가 있더라도, 그것이 가져올 수 있는 편익이 더 크다면 규제는 불필요하다는 관점이다. 설령 하나의 인공지능이 A라는 상황에서 해악을 유발하더라도 B라는 상황에서 이를 능가하는 편익을 준다면, 전체적으로 볼 때 정당화할 수 있기 때문이다. 같은 논리로 하나의 인공지능이 A라는 사람에게 해악을 유발하더라도 B라는 사람에게 이를 능가하는 편익을 준다면 정당화할 수 있다고 볼 여지가 있다. 일반적으로 인공지능 기술과 산업에 대한 낙관론적 관점을 가진 이들은 이러한 입장에 서는 경우가 많다.

이에 대한 가장 중대한 반론은 A와 B는 다른 개체이므로 A에게 가하는 해악과 B에게 주는 편익은 별개라는 것이다. 이와 같은 논리로 같은 사람에게라도 A라는 상황과 B라는 상황에서 느끼는 해악과 편익은 구분되어야 한다고 말할 수 있다. 이러한 반론을 해소할 수 있으려면 별개의 사람 또는 상황에 주어지는 해악과 편익을 서로 연결할 수 있는 정책적 대안이 제시되어야 한다. 예컨대 자율주행 자동차의 도입으로 운수업에 종사하던 A가 직장을 잃고 자율주행 운수업체를 운영하는 B는 편익을 누렸다면, A의 임금을 보전할 수 있는 제도가 도입되어야 한다는 것이다. 요컨대 이러한 입장에 선 이들은 결국 인공지능의 도입이 모든 인간이 누리는 순편익의 기댓값을 증가시키거나 최소한 유지하기 위한 규제가 필요하다고 본다.

나아가 다른 한편에서는 순편익의 증가나 유지를 넘어 사회적 불평등의 심화를 방지해야 한다는 추가적 제약 조건의 도입을 요구할 수 있다. 설령 모든 인간이 모든 상황에서 인공지능의 도입으로 전에 비해 더 높거나 최소한 동등한 수준의 순편익을 누리더라도, 개별 인간이 누리는 편익의 격차가 커진다면 불평등이라는 추가적 해악이 생성되기 때문이다. 개인의 자유를 넘어 사회적 평등도 인공지능이 유발하는 위험의 대상이 될 수 있다는 것이다. 일각에서는 평등에 그치지 않고 다양한 헌법상 기본권을 제약 조건에 덧붙이면서 이 모든 조건을 충족하기 위한 강력한 형태의 규제를 요구하기도 한다. 일반적으로 이러한 입장은 인공지능 기술과 산업에 대한 비관론적 관점을 가진 이들이 택하는 경우가 많다.

이처럼 다양한 시각이 공존하고 있기에 같은 현상에

대해서도 누군가는 이를 인공지능 위험으로 규정하고, 누군가는 규정하지 않을 수 있다. 가령 인공지능 챗봇이 혐오 표현을 발언한 상황이 인간에게 해악을 준다는 사실 자체는 누구도 부정하지 않더라도, 이러한 혐오 표현이 개인의 기본권을 침해할 만큼 중대한 것은 아니라거나, 이를 능가하는 편익으로 상쇄된다는 등의 입장이 있을 수 있기 때문이다. 이들은 인공지능이 해악을 유발한 사례를 아무리 많이 제시하더라도 그러한 현상에 대한 강력한 규제의 요구를 인공지능 기술과 산업에 대한 과도한 비관론에서 비롯된 발목잡기로 여길 것이다(박도현, 2022).

인공지능 위험과 규제의 공진화

결론적으로 무엇을 인공지능 위험으로 규정하고, 어떤 내용의 규제를 부과할 것인지는 어떤 수학적 공식에 대입해 결정할 수 있는 문제가 아니다. 이는 공동체 구성원이 무엇을 위험으로 느끼고, 위험과 규제의 비례성을 어느 강도로 설정할지와 같은 다양한 차원의 규범적 논의가 맞물려 작용하는 현상이기 때문이다. 인공지능이 무엇이고 인류에게 어떤 영향을 미칠 것인가에 대해서는 아직 충분한 정보가 없으므로, 위험을 둘러싼 특정한 관점을 절대시하지 않는 모습이 무엇보다도 중요하다. 편익과 해악에 대한 균형 잡힌 관점으로 인공지능 위험에 대처해 나가야만 우리가 원하는 인공지능 시대를 맞이할 수 있을 것이다.

참고문헌

관계부처 합동(2019). 인공지능 국가전략, https://www.korea.kr/briefing/pressReleaseView.do?newsId=156366736

박도현(2022). "인간 편향성과 인공지능의 교차". ≪서울대학교 법학≫, 63권 1호, 139~175.

Future of Life Institute(2023). Pause giant AI experiments: An open letter, https://futureoflife.org/open-letter/pause-giant-ai-experiments/

02
AI 원칙의 수립

AI 위험에 눈뜬 인류는 이에 대응하기 위한 다양한 전략을 모색했다. AI 원칙의 수립은 이를 실현하기 위한 첫걸음이었다. AI 원칙에 기반한 자율 규제 패러다임은 기술과 산업의 혁신을 촉진하는 데 도움이 되었으나 많은 부작용도 발생시켰다. 다수의 원칙이 난립하는 상황에서 벗어날 수 있으려면 AI 원칙의 의의와 한계를 동시에 인식할 필요가 있다.

인공지능 원칙과 자율 규제 패러다임

우리가 알파고 신드롬 이후 인공지능의 장밋빛 미래를 그려 갈 무렵, 해외에서는 그것의 부작용이 전면에 부각된 다양한 사례가 출현했다. 챗봇 테이(Tay)가 대표적 사례였다. 마이크로소프트는 2016년 트위터에서 사람과 대화하는 대화형 인공지능 서비스를 기획했고, 그로 인해 탄생한 것이 바로 테이였다. 테이는 이전 시대의 챗봇과는 달리 머신러닝 기법을 채택해 더 자연스러운 대화가 가능할 것으로 기대되었다. 그러나 예상과는 달리 테이는 사회적 약자를 비하하는 등 윤리적으로 문제가 되는 발언을 쏟아 냈고, 결국 채 하루도 되지 못해 마이크로소프트는 테이 서비스를 중단했다.

테이 사건은 이른바 '인공지능 만능주의'라고 일컬을 수 있는 환상에서 벗어나 인공지능 기술에 일정한 사회적 규범이 동반되어야 한다는 문제의식을 환기하는 계기가 되었다. 혐오 표현이 발생한 1차적 원인은 실시간 학습이 가능한 기술적 특성에서 비롯되었지만, 이것이 문제가 될 수도 있다는 경각심을 가지지 못한 근본적인 원인은 규범에 대한 무관심에 있었다. 일각에서 지적하듯이, 테이 사건만 놓고 본다면 실시간 학습 기능을 제거하는 기술적 조치만으로도 모든 문제가 해결될 수 있을

지 모른다. 그러나 인공지능 챗봇에 적용되는 규범이 올바로 수립되지 않으면 또 다른 형태로 제2, 제3의 테이 사건이 이어질 수 있을 것이다.

이러한 문제의식에서 2010년대 중반 무렵부터 세계 각지에서 인공지능 규범에 대한 논의가 급격하게 확산되었다. 어떤 행동 양식이 옳거나 그른지를 논하는 규범의 양태는 다양하지만, 당시의 논의를 지배한 것은 바로 '인공지능 원칙'이었다. 원칙(principle)이란 허용되거나 금지되는 행동 양식을 규정한 것이되, 규칙(rule)에 비해 구체성이 낮은 형태의 규범을 말한다. 예를 들어 "인공지능은 사회적 약자에 대한 혐오 표현을 하지 않아야 한다"는 정도의 추상적 규범이 인공지능 원칙의 일종이라면, '혐오 표현'의 유형을 구체적으로 제시하는 규범은 인공지능 규칙에 해당한다고 볼 수 있다. 보편적으로 널리 인정받는 일련의 원칙을 조합하여 구체적 문제를 해결하는 처방을 도출할 수 있다는 것이 인공지능 원칙을 지지하는 이들의 견해였다. 이는 생명윤리 분야에서 확립된 '원칙주의(principlism)' 패러다임을 인공지능 분야로 옮겨낸 시도로 평가된다(Floridi et al., 2018).

당시 인공지능 원칙이 지배적 형태의 규범으로 부상한 데는 몇 가지 이유가 있었다. 첫째는 인공지능의 위험, 나아가 인공지능이 무엇인지에 대한 인류의 이해가 명확하지 못했다는 것이다. 이러한 상황에서 구체성이 큰 규칙을 규범화하는 것은 자칫 인공지능과 그 한계를 일정한 범위로 제한할 여지가 있었다. 둘째는 인공지능 기술과 산업이 발전하려면 느슨하고 유연한 규범이 필요하다는 생각 때문이었다. 강한 구속력과 제재를 동반할 여지가 큰 규칙 대신 원칙을 통해 혁신과 규제라는 두 마리 토끼를 잡을 수 있다는 것이다. 아울러 이러한 관점에서 인공지능 원칙은 인공지능을 만든 주체가 수립하고 시행하는 이른바 '자율 규제(self-regulation)' 패러다임과 결부되어 전개되었다(박도현, 2021).

요컨대 인공지능 맥락에서의 원칙주의 기반 자율 규제의 일반적 모습은 다음과 같다. 먼저 인공지능을 만들어 낸 주체가 그로 인해 초래된 위험의 양태와 영향력을 파악한다. 이때 생성된 모든 위험을 규율할 필요는 없으므로, 일정한 규제가 요구되는 가능성 또는 중대성이 큰 위험을 특정한다. 이후 지목된 위험을 방지하기 위한 인공지능 원칙을 목록화하고 조직 내외에 발표한 뒤, 실제로 위험이 발생하였거나 발생할 것이 예상되면 적절한 원칙을 선별하고 이에 비추어 해당 주체가 자체적으로 문제를 해결한다. 결국 어떤 원칙을 목록화하고 적용할지, 원칙을 구현하는 가장 효과적 수단이 무엇인지에 관한 판단을 인공지능 위험 생성 주체 스스로에게 부여한다는 의미에서 이를 '자율 규제'라고 일컫는 셈이다.

인공지능 원칙의 역사적 변천

인류 역사에서 가장 먼저 등장한 인공지능 원칙은 SF 소설가 아이작 아시모프의 '로봇 3원칙(Three Laws of Robotics)'으로 알려져 있다.

1. 로봇은 무언가를 하거나 하지 않아 인간에게 해를 끼치면 안 된다.
2. 1원칙을 위반하지 않는 한 로봇은 인간의 명령에 따라야 한다.
3. 1, 2원칙을 위반하지 않는 한 로봇은 스스로를 보호해야 한다.

로봇 3원칙은 비교적 이해하기 쉬운 단순한 내용으로 되어 있고, 여러 매체를 통해 대중에게 익숙해져 이 분야의 논의에서 종종 원용되는 편이다. 그러나 이는 기본적으로 소설 내용의 일부이고, 오늘날 기술적으로 구현되지 않은 일반 인공지능을 전제한 것이라는 한계를 가진다(고학수 외, 2020). 이후에도 여러 가지 인공지능 원칙이 등장하기는 했지만, 현대적 관점의 인공지능 원칙은 생명의 미래 연구소가 2017년 발표한 아실로마 인공지능 원칙에서 출발했다. 아실로마 인공지능 원칙은 연구 이슈, 윤리와 가치, 장기적 이슈 3개 영역에 걸쳐 23가지의 세부 사항을 포괄하고 있다(Future of Life Institute, 2017).

그러나 생명의 미래 연구소는 세계 각지의 전문가 집단으로 구성되어 주체의 동질성이 낮은 편이었고, 이에 따라 아실로마 인공지능 원칙의 후속 조치를 수립하기 위한 동력이 다소 부족했다. 오히려 테이와 같은 윤리적 문제가 불거짐에 따라 커다란 타격을 입을 수 있었던 기업에서 인공지능 원칙을 수립하는 노력이 이어졌다. 마이크로소프트, 구글, IBM, 인텔 등 수많은 글로벌 IT 기업체가 자체적 원칙을 마련했다. 이러한 흐름은 2020년 경까지 계속 이어져, 알고리즘 워치라는 사이트에 따르면 2020년 4월을 기준으로 무려 167개에 달하는 인공지능 원칙이 발표되었다고 한다(Algorithm Watch, 2020).

국내에서도 큰 틀에서 이러한 흐름은 크게 다르지 않았다. 카카오를 시작으로 삼성전자, 네이버, SK, LG와 같은 굴지의 대기업이 연이어 인공지능 원칙을 발표했다. 다만 한 가지 차이점은 해외와 달리 국내 인공지능 원칙은 정부가 먼저 논의를 촉발하고 이를 개별 기업이 각자의 여건에 맞게 들여와 미세조정하는 방식을 취했다는 것이다. 이것은 우리 과학기술 정책이 '관치주의'에 잠식당한 현상이라는 비판도 가능하지만, 외국과 대비되는 한국 고유의 정부 주도 혁신 모델을 제시한 것이라고 긍정적으로 해석할 수도 있다(Park et al., 2024).

원칙 기반 자율 규제의 한계

이렇게 도입된 수많은 인공지능 원칙은 최초의 의도와 같이 윤리적 문제를 해소하는 규범으로 적절히 작동했을까? 먼저 인공지능 원칙이 급증한 현상에 대해서는 일반적으로 부정적 평가가 공유되고 있는 것으로 보인다. 조직 입장에서 원칙의 수립은 그다지 어려운 일이 아니므로 깊은 숙고 없이 일단 만들고 본 경우가 많다. 이에 따라 다수의 원칙이 난립해 그것이 가져야 할 진지함이 희석되거나 퇴색될 수 있고, 다양한 이해관계자들이 자신에게 유리한 일부 원칙만을 취사선택할 여지도 생겨났다(이한슬 · 천현득, 2021).

그러면 이들 조직은 왜 무수히 많은 인공지능 원칙을 제작하고 발표하는 것일까? 조직 입장에서 시간과 인력의 투입은 일종의 기회비용에 해당하므로, 단지 어렵지 않다는 이유만으로 무언가를 만들지는 않을 것이니 말이다. 이에 대한 한 가지 합리적 추론은 윤리적 이슈에 대한 대중의 수요를 고려하면서도 비용이 가장 적게 드는 대안이 원칙이라는 것이다. 그리하여 일각에서는 인공지능 원칙이 그 자체의 본질이 아닌 기업의 이미지 제고에만 주목하는 경향이 있다고 비판하기도 한다(Bietti, 2020).

다만 한 가지 다행인 점은 2020년대에 접어들면서 이러한 기조가 점차 줄어들고 있다는 것이다. 다수의 원칙이 발표되고 이에 대한 심층 연구가 이어지면서, 어느덧 논의가 무르익었기 때문으로 보인다. 인공지능 원칙 수십 개를 대상으로 한 메타 분석이 여러 건 이어졌는데, 이들은 대체로 개별 주체가 발표한 원칙이 공정성, 책임성, 투명성과 같은 몇 가지 내용으로 수렴되는 경향이 있다고 지적했다. 이에 따라 인공지능 원칙이 너무 많다는 사실 그 자체보다는, 원칙 자체가 가지고 있는 한계로 인해 윤리적 문제에 대한 올바른 규제가 불가능한 것은 아닌지에 대한 고민이 더욱 중요해진다(이한슬 · 천현득, 2021).

이는 다시 말해 인공지능 원칙 기반 자율 규제가 그 대척점에 있는 규칙 기반 강제 규제와 비교해 가진 장단점을 분석할 필요가 있다는 것이다. 일반적으로 민사, 형사, 행정 제재를 통해 구속력과 강제력을 확보할 수 있는 후자에 비해, 전자는 전적으로 위험을 생산한 주체 스스로에게 그 역할이 맡겨져 있다. 따라서 인공지능 기술에 대한 전문적 지식을 담아낼 수 있다는 장점에도 불구하고, 자율 규제는 언제든 이를 회피할 여지가 있다는 근원적 한계에서 벗어날 수 없었다. 나아가 원칙이 너무 추상적이어서 이를 준수할 의도가 있는 주체조차 정확히 무엇을 할지를 알기 어렵게 하는 경우도 많았다. 이러한 문제를 해결하기 위해 크게 두 가지 대안을 떠올릴 수 있는데, 하나는 원칙 기반 자율 규제의 큰 틀을 유지하면서 그 약점을 보완하기 위한 조치를 도입하는 것이고, 다른 하나는 규칙 기반 강제 규제로 규범의 패러다임을 전환하는 것이다. 현재 논의는 이러한 두 축의 방법론을 혼용해 전개되고 있다.

참고문헌

고학수 외(2020). 인공지능 윤리규범과 규제 거버넌스의 현황과 과제. ≪경제규제와 법≫, 13권 1호, 7~36.

박도현(2021). 인공지능 윤리의 두 가지 가치. ≪법학논문집≫, 45권 1호, 89~118.

이한슬 · 천현득(2021). 인공지능 윤리에서 해명가능성 원리. ≪인문학연구≫, 35권, 37~63.

Algorithm Watch(2020). AI ethics guidelines global inventory, https://inventory.algorithmwatch.org/

Bietti, E.(2020). From ethics washing to ethics bashing: A view on tech ethics from within moral philosophy. *Proceedings of the 2020 Conference on Fairness, Accountability, and Transparency*, 210~219.

Floridi, L., et al.(2018). AI4People—an ethical framework for a good AI society: Opportunities, risks, principles, and recommendations. *Minds and Machines, 28*, 689~707.

Future of Life Institute(2017). Asilomar AI principles, https://futureoflife.org/open-letter/ai-principles/

Park, D. H., et al.(2024). A tough balancing act – The evolving AI governance in Korea. *East Asian Science, Technology and Society: An International Journal, 18*(2), 135~154.

03
신뢰성과 안전성

오늘날 AI 원칙을 이루는 최상위 개념은 신뢰성이다. 사회 구성원이 신뢰할 수 있는 AI를 통해 기술과 산업의 발전을 이룰 수 있다는 것이 신뢰성의 핵심적 내용이다. 유럽연합, OECD 등 국제사회 역시 이러한 기조에 발맞추고 있고, 우리나라도 이러한 흐름에 상대적으로 앞서 있는 편이다. 한편 최근에는 신뢰성에 더해 안전성 개념이 중요한 대원칙의 하나로 부상하고 있다.

인공지능 원칙의 체계화

다양한 주체별로 저마다의 특색을 담은 인공지능 원칙을 발표하면서 제기된 한 가지 이슈는 어떤 방식으로 개별 원칙을 체계화할 것이냐는 문제였다. 초기에는 체계성을 고려하지 않고 복수의 원칙을 같은 위계하에 제시하는 것이 일반적이었지만, 이러한 방식을 통해서는 지속 가능한 논의가 이루어지기 쉽지 않았기 때문이다. 각자가 내세운 원칙은 일부에서는 공통의 분모를 형성했으나 일부에서는 그렇지 않았다. 이때 여러 주체가 제시한 원칙을 고려해야 하는 이해관계자는 모순되거나 상충하는 원칙의 홍수 속에서 길을 잃는 일이 종종 있었다.

이러한 문제의식에서 인공지능 원칙에 일정한 체계를 부여할 필요성이 제기되었고, 이는 크게 두 방향에서 전개되었다. 하나는 실무 현장에서 발표한 개별 주체의 원칙을 비교하고 보편적으로 등장한 원칙을 목록화하는 것이었다. 이 작업을 통해 일반성이 큰 원칙의 목록을 파악하고 적어도 이에 대해서만큼은 공통의 이해를 확립하자는 취지였다. 다만 이러한 접근의 문제는 이미 인공지능 기술과 산업의 헤게모니를 쥔 주체가 선제적으로 발표한 목록이 사실상의 국제표준이 될 수 있다는 것이었다. 따라서 이 방식은 개별 기업보다는 경제협력 개발기구(OECD), 유럽연합과 같은 국제기구 또는 국가 연합이 발표한 공신력이 있고 그나마 중립적으로 여겨지는 주체가 발표한 내용에 힘을 실어 주었다.

다른 하나는 실무 현장에 적용될 만큼 구체성이 큰 원칙의 목록화는 지양하면서, 이들 원칙을 포괄하는 공통분모가 되는 대원칙을 추출하는 것이었다. 만일 이와 같은 대원칙을 분석하는 일이 가능하다면, 개별 주체는 대원칙과 합치하는 선에서 자신이 처해 있는 구체적 상황을 반영한 하위 원칙 목록과 이를 구현하기 위한 실무 관행을 마련할 수 있기 때문이었다. 이러한 접근법은 공적 부문과 사적 부문, 동양 국가와 서양 국가 등의 공통점과 차이점을 조화롭게 반영할 수 있고, 특정 주체의 우월적 지위를 전제하지 않는다는 장점이 있었다. 다만 그러한 대원칙은 추상성이 큰 경우가 많았기에, 자칫 구체적 내용은 부족한 채로 장식적 역할에만 그칠 우려도 공존했다.

오늘날 국제사회에서는 이 두 가지 접근을 혼용하면서 각자가 처한 이해관계에 따라 그때그때 가중치를 달리하는 전략을 취하는 것이 일반적이다. 예컨대 우리나라에서는 특정한 주체가 제시한 원칙 목록을 직접적으로 수용하기보다는 신뢰성과 안전성으로 대표되는 대원칙만을 받아들이고 하부 원칙은 자체적으로 개발하는 방식을 취했다. 동시에 우리나라는 OECD를 필두로 한 국제사회의 논의에 적극적으로 참여해 인공지능 규범을 둘러싼 헤게모니 전쟁에서 대한민국의 지위를 강화하기 위한 전략적 행보를 병행하고 있다(Park et al., 2024).

신뢰할 수 있는 인공지능

신뢰성(trustworthiness)은 오늘날의 인공지능 규범 논의에서 가장 중요한 대원칙으로 꼽히는 개념이다. 신뢰성이란 타인이 자신에게 이득을 주거나 손해를 끼치지 않을 것이라는 믿음으로, 경제 성장을 이룩하는 데서 중요한 역할을 하는 사회적 자본의 일종으로 이해되고 있다. 인공지능이 사회적으로 해악보다는 편익을 제공하리라는 믿음이 확보될 때 이에 대한 대중의 수요가 뒷받침될 수 있다는 점에서, 신뢰성은 기술과 산업의 발전을 추동하는 중요한 가치로 이해되고 있다(박도현, 2022).

신뢰할 수 있는 인공지능이 중요하게 부각된 것은 그것이 유럽연합이 발표한 윤리 가이드라인의 제목을 이루는 키워드로 등장한 시점이었다. 유럽연합은 신뢰할 수 있는 인공지능을 뒷받침하는 3대 요소로 합법성(lawful), 윤리성(ethical), 견고성(robust)을 제시하면서 신뢰성을 다른 하부 원칙의 상단에 놓인 대원칙으로 규정했다(European Union, 2019). 신뢰성 개념은 처음 등장한 이후 많은 이들의 공감대와 지지를 받아 세계 각국의 인공지능 정책과 학술 연구의 규범적 지향점으로 주로 언급되고 있다.

신뢰성이라는 개념이 큰 이견 없이 인공지능 규범 논의의 대원칙으로 자리 잡은 것과 달리, 이를 이루는 하부 원칙의 구체적 내용에 대해서는 상대적으로 많은 논란이 있었다. 먼저 유럽연합은 자율성 존중, 해악 금지, 공정성, 해명 가능성(explicability)이라는 네 가지 하부 원칙을 그 내용으로 제시했다. 이는 생명윤리 영역에서 제시된 비첨과 칠드레스의 4대 원칙에서 인공지능 기술의 성격상 적용되기 어려운 선행의 원칙을 제외하고 인공지능 맥락에서 중요한 해명 가능성을 추가한 것이다(Floridi et al., 2018). 이때 해명 가능성은 널리 알려진 설명 가능성(explainablilty)에 규범적 속성이 더해진 개념을 가리킨다.

이러한 접근은 생명윤리와 인공지능이 가진 신기술이라는 공통점을 놓고 볼 때 일견 타당해 보인다. 그러나 인공지능의 규범을 구축하는 과정에서 생명윤리를 반드시 참조해야 할 필연적 이유는 없고, 생체와 기계라는 양자의 하드웨어적 차이를 고려하면 공통점보다 차이점에 초점을 둘 필요도 있다. 예컨대 인공지능 맥락에서는 인간의 의사 결정을 인공지능의 그것으로 대체하는 과정에서 발생한 해악에 대한 책임 소재를 누구에게 분배할지가 중요한 문제가 되는데, 생명윤리 원칙은 이 문제를 해결하는 데 한계를 보인다.

오늘날 인공지능 분야에서 신뢰성의 하부 원칙으로 주로 언급되는 것은 공정성(Fairness), 책임성(Accountability), 투명성(Transparency)의 3대 원칙이다. 이는 영어 앞 글자를 따서 'FAT'으로 불리면서 인공지능의 신뢰성을 두텁게 보호하려는 취지로 활용되고 있다. 머신러닝 분야에서는 일찍이 'FAT ML'이라는 이름의 학회도 활발히 운영되었고, 현재는 'FAccT'로 명칭이 약간 바뀌었으나 FAT라는 큰 틀은 유지되고 있다. 다만 이에 대해서는 유럽연합 버전과 비교하면 자율성이라는 중요한 원칙이 누락되었다는 비판이 가능할 것으로 보인다.

안전한 인공지능

최근에는 신뢰성 외에 안전성(safety)이 인공지능 규범의 중요한 대원칙으로 대두되는 경우도 있다. 신뢰성과 안전성은 가령 "지능정보기술 및 지능정보서비스 이용의 안전성 및 신뢰성 보장"이라는 지능정보화 기본법 제

6장 제2절의 제목에서처럼 규범의 대원칙으로 병렬적으로 제시된 경우가 종종 있었다. 인공지능 맥락에서는 파운데이션 모델과 생성형 인공지능이 개발되면서 급격히 확대된 위험에 대한 반작용으로 안전성에 대한 논의가 확장되는 추세다. '인공지능 안전성 정상회의'가 2023년 11월 출범하고 2024년 5월에 서울에서 개최된 사실은 이를 여실히 보여 주는 사례다.

신뢰성과 달리 안전성에 대한 논의는 이제 막 시작되어 그것의 의미와 하부 원칙의 구체적 내용을 확정하기가 쉽지 않다. 다만 '안전'의 사전적 의미를 고려한다면 생명과 신체에 가해지는 해악이 그 1차적 대상이 되어야 할 것으로 보인다. 나아가 개인정보 침해와 같이 육체에 대한 물리적 차원의 가해를 넘어선 정신에 대한 해악이 여기에 포함될 여지도 있을 듯하다. 다만 이러한 이해에 따르면 신뢰성의 하부 원칙인 책임성과 상당 부분 내용이 겹친다는 문제가 있다. 이처럼 인공지능 원칙 논의에서는 그 핵심 개념에 대한 명료한 정의가 중요한 경우가 많다.

참고문헌

박도현(2022). 신뢰할 수 있는 인공지능의 이론적 고찰.

≪법철학연구≫, 25권 2호, 321～364.
European Union(2019). Ethics guidelines for trustworthy AI, https://digital-strategy.ec.europa.eu/en/library/ethics-guidelines-trustworthy-ai
Floridi, L., et al.(2018). AI4People—an ethical framework for a good AI society: Opportunities, risks, principles, and recommendations. *Minds and Machines, 28*, 689～707.
Park, D. H., et al.(2024). A tough balancing act – The evolving AI governance in Korea. *East Asian Science, Technology and Society: An International Journal, 18*(2), 135～154.

04
원칙에서 실천으로

AI 원칙은 그것의 추상적 특성으로 인해 실무에서 한계가 있었고, 이로 인해 실천적 대안의 필요성이 대두되었다. AI 거버넌스라는 이러한 대안을 실현하기 위해 다양한 제도가 도입되었고, 체크리스트와 감사는 그 대표적 사례다. 다만 이러한 대안은 주로 기업에 의해 시행된다는 한계가 있고, 이를 보완하기 위해서는 제작자만이 아닌 이용자인 시민의 참여와 이들에 대한 교육이 함께 이루어질 필요가 있다.

인공지능 거버넌스의 수립

2020년대에 접어든 이후 인공지능 규범 논의에서 점차 '거버넌스(governance)'라는 표현이 대세를 이루기 시작했다. 국내와 해외, 공공과 민간 등 다양한 주체가 앞다투어 인공지능 거버넌스를 외쳤으나 그것의 의미가 무엇인지는 다소 불명확했다. 때로는 인공지능 관련 논의를 주도하는 조직체를 뜻하기도 하고, 때로는 구체적 인공지능 정책을 가리키기도 했다. 원래 거버넌스라는 개념이 정책 논의에서 다의적으로 활용되면서 혼란을 유발한다는 비판이 있었는데(이명석, 2017), 마치 이러한 난맥상이 인공지능 맥락으로 옮겨 온 형국이었다.

역사적으로 볼 때 거버넌스의 1차적 의미는 정부의 통치(government)와는 내소석으로 규제의 대상으로 여겨진 국민의 참여를 통해 국정 운영의 투명성과 민주성을 높이는 데 있었다(Rhodes, 1996). 나아가 복잡다기한 현대사회의 많은 문제는 정부라는 단일 주체가 아닌 정부와 민간의 협력을 통해 해결되는 경우가 많다는 데서도 그 정당성을 찾을 수 있다. 그리하여 인공지능과 같은 신기술 맥락에서는 정부의 전통적 통치와 함께 이를 보완하는 다양한 협력적 문제 해결 방식을 포괄한 광의의 개념으로 거버넌스가 활용되었다(박도현, 2021). 이러한 관점에서 볼 때 특히 신뢰성과 안전성이라는 대원칙과 여타 하부 원칙에 기반한 자율 규제를 바탕으로 인공지능의 위험을 방지하는 일련의 노력은 인공지능 거버넌스의 중요한 접근법으로 이해되었다.

여기까지만 보면 일견 인공지능 거버넌스는 2010년대 후반을 수놓았던 인공지능 원칙과 큰 차이가 없다고 여길 수 있다. 그러나 인공지능 거버넌스 논의는 '원칙에서 실천으로(from principle to practice)'라는 구호에서 볼 수 있듯이 원칙은 출발점일 뿐 종착점이 아니었다는 특징을 가진다. 인공지능 거버넌스의 핵심적 주체는 자율 규제를 담당한 공학 전문가였는데, 이들이 주로 사용하는 과학적 언어에 비해 인공지능 원칙은 지나치게 추상적인 형태로 규정되었다. 따라서 해석의 여지가 없거나 적어 가급적 실무에서 즉각적으로 활용할 수 있는 구체적 규범을 제시하는 것이 인공지능 거버넌스가 당면한 과제였다.

체크리스트와 그 비판

초기 인공지능 거버넌스 논의는 주로 개발자가 실무에서 활용할 수 있는 일종의 체크리스트를 제공하는 형식으로 이루어졌다. 유럽연합의 자가점검 리스트가 대표적 사례였다. 유럽연합은 2019년 윤리 가이드라인을 발표하면서 이것을 실무에서 활용할 수 있으려면 개발자가 현장에서 맞닥뜨릴 만한 구체적 물음과 그 답변을 체크리스트 형태로 제공할 필요가 있다고 보았다. 그러면서 당시 제시한 신뢰성이라는 대원칙, 이를 뒷받침하는 네 개의 하부 원칙, 이를 실현하기 위한 일곱 개의 핵심 요구 사항별 체크리스트의 예시를 제시했다(European Union, 2019). 여기서 제시된 항목은 1년여의 테스트 기간을 거쳐 개선되었고, 유럽연합은 이듬해 7월 체크리스트 최종본을 대외에 발표했다(European Union, 2020).

이후 세계 각지에서 인공지능 원칙이 그러한 것처럼 온갖 체크리스트가 홍수처럼 쏟아졌다. 구체적 활용 영역과 내용은 조금씩 달랐지만, 체크리스트에 표시하는 방식의 자율 규제를 통해 인공지능 거버넌스가 실현될 수 있었다고 본 철학만큼은 공통되었다. 국내에서도 개인정보보호위원회가 2021년 5월 인공지능 개발자와 운영자를 대상으로 한 개인정보보호 자율점검표를 발표하면서 이러한 흐름에 동참했다(개인정보보호위원회, 2021). 다만 원칙과 달리 체크리스트에 대한 관심은 그렇게까지 오래 지속되지 않았다.

체크리스트를 통한 자율 규제에는 어떤 문제가 있었

을까? 무엇보다도 체크리스트는 인공지능을 생산하는 주체가 일방향적으로 기입하는 구조로 되어 있을 뿐, 그것의 타당성을 객관적으로 평가할 수 있는 절차가 없다는 데 근본적 문제가 있었다. 물론 이 문제는 원칙 기반 자율 규제에도 마찬가지로 적용되는 것이지만, 규범적 문제 해결의 출발점이었던 원칙과 달리 체크리스트는 종착점 역할을 한다는 차이가 있었다. 당연히 아예 없는 것보다는 훨씬 낫겠지만, 위험을 만들어 낸 주체 스스로가 체크리스트를 작성해 모든 문제를 해결한다는 도식은 지나치게 단선적이었다. 중앙집권적 정부가 모든 정보를 통제하고 공적 문제를 도맡던 통치의 문제를 해결하기 위해 거버넌스가 출현한 사실에 비추어 볼 때 이는 받아들이기 어려운 처사였다.

또 다른 문제는 체크리스트가 달성 혹은 미달성의 이진법적(binary) 구조를 가진 반면, 규범적 문제의 발생과 해결은 정도의 문제라는 것이다. 인공지능 기술을 개발한 측에서는 체크리스트 기입을 통해 모든 규범적 논의로부터 면책될 수 있을 것으로 기대하지만, 그러한 논리는 규범 영역에서 통용되지 않는다. 체크리스트를 통해 표현되는 위험은 정형적인 일부 사례에 국한되므로, 여기에는 과학적 언어를 통해 명료하게 표현되기 어려운 무수한 비정형적 위험이 누락되고는 한다. 따라서 체크리스트 제작 및 기입 이외에도 이러한 비정형적 위험을 해소하기 위한 각종 조치가 동반되어야만 바람직한 인공지능 거버넌스가 실현된 것으로 볼 수 있다. 아울러 이는 체크리스트가 대체로 공유하는 형식인 규칙이 원칙에 비해 가지는 특성이기도 하다. 그리하여 오늘날에도 여전히 체크리스트가 활용되기는 하지만, 체크리스트만으로 인공지능 거버넌스를 실현할 수 있다는 믿음은 대체로 사라진 편이다.

인공지능 감사

체크리스트에 관한 논의가 줄어든 이후 인공지능 거버넌스 분야에서 많은 관심을 받은 것은 바로 인공지능 감사(audit)였다. 감사란 어떤 대상의 실태를 감독하고 검사해 그것의 적정성을 평가하는 행위를 말한다. 보통 어떤 조직의 재정이 규정에 따라 제대로 운용되고 있는지를 평가하는 회계감사가 가장 널리 알려졌지만, 이 외에도 다양한 종류의 감사가 수행되고 있다. 인공지능 감사란 인공지능을 만드는 조직 스스로 또는 외부의 제3자를 통해 인공지능이 과다한 위험을 만들어 내거나 이를 적절히 관리하고 있는지 평가하는 것이다(Raji et al., 2020).

감사를 수행하기 위해서는 평가를 위한 기준이 사전에 마련되어야 하고, 평가를 마치면 이를 보완하기 위한 사후 조치가 이루어져야 한다. 여기에는 기존 원칙이나 체크리스트 등의 도구가 보완적으로 활용될 수도 있지만, 그것만으로는 감사의 모든 목적을 달성하기가 쉽지 않다. 따라서 감사 과정에서는 인공지능 생애 주기 전반에 대한 깊이 있는 이해가 필요하고, 때로는 인공지능 제작 과정에 대한 근본적 변화가 요구될 수도 있다. 무엇보다도 이러한 모든 과정은 일회적으로 끝나는 것이 아니고, 평가와 조치의 연쇄 작용에 의해 달성되는 것이다. 이와 같은 이유로, 감사를 효과적으로 진행하기 위해서는 이를 담당하는 전담 조직을 마련하는 것이 유리한 경우가 많다.

인공지능 감사가 대두된 이유는 인공지능의 해악이 불거진 사례가 언론에 자주 보도되면서 이를 제작한 기업의 이미지가 크게 훼손된다는 문제의식 때문이었다. 따라서 설령 인공지능 관련 입법이 마련되어 있지 않았더라도 자체적으로 감사를 수행하고 이를 전담하는 조직을 도입해 이와 같은 이슈에 민감한 소비자의 선호를 충족하자는 것이다. 물론 윤리적 인공지능에 대한 수요가 사회 전반에서 점차 커지면서 감사를 거친 인공지능이 그렇지 않은 인공지능에 비해 더 높은 시장 경쟁력을 가질 여지도 있었다.

다만 인공지능 감사에 대해서는 부정적인 평가도 공존한다. 무엇보다도 감사를 담당하는 전담 조직이 오랫동안 지속한 사례가 별로 없다는 사실이 감사의 한계를 보여 주고 있다. 마이크로소프트, 구글 등 글로벌 기업은 인공지능 감사를 수행하는 조직을 도입한 뒤 이를 크게 홍보했으나, 여러 가지 이유로 이들 조직은 현재 폐지되거나 상당히 축소되었다. 감사, 나아가 자율 규제가 앞으로도 지속 가능성을 인정받을 수 있으려면 기업의 편의에 따라 조직의 존폐가 손쉽게 뒤집혀서는 곤란할 것이다.

교육과 참여

거버넌스의 개념 정의를 떠올려 볼 때, 사실 인공지능 거버넌스는 제작자인 업계와 이용자인 대중의 두 축으로 이루어져 있고 그래야 한다. 인공지능 역시 시장거래의 산물이므로, 거래의 두 축인 공급자와 소비자의 이해관계가 고루 반영될 필요가 있기 때문이다. 연혁적 이유로 인공지능 거버넌스는 주로 자율 규제와 동일시되는 측면이 강하지만, 일반 대중이 인공지능 위험에 대해 자신의 목소리를 낼 수 있도록 돕는 조치도 동반될 필요가 있다. 이러한 관점에서 중요한 두 가지 개념이 바로 교육과 참여다(고학수 외, 2020). 대중의 인공지능 기술에 대한 문해력이 부족하거나 정책 수립에 참여할 수 있는 경로가 막혀 있다면 그들이 마땅히 누려야 하는 권리를 온전히 실현할 수 없을 것이다. 교육과 참여는 인공지능 거버넌스가 '거버넌스' 개념이 가진 본연의 취지를 살려 나가는 과정에서 또 다른 중요한 역할을 담당한다.

참고문헌

개인정보보호위원회(2021). 인공지능(AI) 개인정보보호 자율점검표, https://www.pipc.go.kr/np/cop/bbs/selectBoardArticle.do?bbsId=BS217&mCode=D010030000&nttId=7347

고학수 외(2020). "인공지능 윤리규범과 규제 거버넌스의 현황과 과제". ≪경제규제와 법≫, 13권 1호, 7~36.

박도현(2021). "인공지능과 해악: 창발적 해악론을 중심으로". 서울대학교 법학박사학위논문.

이명석(2017). 『거버넌스 신드롬』. 성균관대학교출판부.

European Union(2019). Ethics guidelines for trustworthy AI, https://digital-strategy.ec.europa.eu/en/library/ethics-guidelines-trustworthy-ai

European Union(2020). The assessment list for trustworthy artificial intelligence (ALTAI) for self-assessment, https://digital-strategy.ec.europa.eu/en/library/assessment-list-trustworthy-artificial-intelligence-altai-self-assessment

Raji, I. D., et al.(2020). Closing the AI accountability gap: Defining an end-to-end framework for internal algorithmic auditing. *Proceedings of the 2020 Conference on Fairness, Accountability, and Transparency*. 33~44.

Rhodes, R. A. W.(1996). The new governance: Governing without government. *Political Studies, 44*(4), 652~667.

05
기술 규제의 부상

AI 거버넌스를 구현하기 위한 중요한 방법론으로 기술 규제가 부상하고 있다. 전통적 규범의 관점에서 위험의 출처인 기술이 그 대안이 된다는 것은 모순적이지만, AI의 기술적 특징을 고려할 때 기술 규제는 중요한 역할을 담당한다. 다만 기술 규제는 AI가 만들어 내는 기술적 위험에 대해서는 유효적절한 수단이 되는 반면, 사회적 위험에 대해서는 한계가 있으므로 유의할 필요가 있다.

인공지능 거버넌스의 구현

인공지능 거버넌스는 인공지능 위험을 예방하고 교정하기 위한 대안으로 오늘날까지도 널리 활용되고 있다. 그러면 제기될 수 있는 다음 물음은 인공지능 거버넌스라는 일종의 규범을 통해 제시된 내용을 현실에 구현하는 방법론은 무엇이냐는 것이다. 당연하게도 이것이 해명될 때만 인공지능 거버넌스는 이론적 차원의 당위에 그치지 않고 실무적 차원의 대안으로 발돋움할 수 있다. 다수의 논자에 의해 구체화된, 인공지능 거버넌스를 구현하는 중요한 수단이 바로 '기술 규제(technical regulation)'다.

전통적 규범을 따르는 이들의 관점에서 기술 규제라는 개념은 일견 형용모순으로 보인다. 왜냐하면 이들에게 기술은 인류에게 해악과 위험을 가져다줄 수 있는 원천이지, 이를 예방하거나 근절하는 도구는 아니었기 때문이다. 이 세상에 윤리를 구현할 수 있는 유일한 주체는 보편적 도덕법칙을 인식하고 실천할 능력을 보유한 인간이므로, 인류의 개입에 의해서만 인공지능 거버넌스가 실현될 수 있다는 것이 이들의 견해였다. 따라서 그들은 윤리 분야 전문가가 감사 조직에 개입하거나, 인공지능 기술 전문가를 교육해 거버넌스를 실현하는 데 많은 관심을 기울였다.

그러나 이러한 전통적 관념은 기술의 발전과 함께 점차 그 타당성을 잃게 되었다. 인적 규제와 무관한 다양한 기술 규제 수단이 수많은 기술에 도입되어 규범적 문제를 해소하는 데 도움을 주었기 때문이다. 이러한 기술 규제는 기술의 작동 과정에 모종의 제약을 도입하는 형태에서 출발하여, 점차 설계 단계에서부터 윤리적 고려 사항을 담아내는 것(ethics by design)으로 진화하였다. 나아가 인간의 의사 결정마저 대체하는 인공지능 시대에 이르러서는 안전성은 물론이고 신뢰성과 같은 윤리적 가치판단마저 규율하는 방식의 기술 규제가 대두되기에 이르렀다.

인공지능 거버넌스에서 기술 규제가 큰 관심을 받은 이유에는 크게 두 가지가 있다. 하나는 인적 접근이 종종 특정 주체의 도덕관과 엮이면서 기술에 대한 맹목적 비판만이 도덕적 선이라는 인식을 불러왔기 때문이다. 물론 인공지능의 지나친 위험을 억제할 필요는 있지만, 이를 넘어 인공지능 기술에 대한 규범의 우위를 주장하려는 행태는 분명 과도한 것이었다(박도현, 2021). 기술 규제의 목적지는 어디까지나 인공지능의 부작용을 적절히 억제하는 데 있을 뿐이지, 기술을 비판적으로 바라보는 특정한 도덕관을 실현하는 데 있는 것은 아니었다.

다른 하나는 적어도 인공지능의 맥락에서는 전통적 방식의 인적 규제가 인공지능 위험에 대한 실효성 있는 대안이 아닐 수 있다는 것이었다. 일각에서는 인공지능과 같은 기술도 결국 그 배후에 있는 인간의 이해관계에서 벗어나 있지 않은 정치적 산물로 규정하고는 한다. 이는 일반적으로는 타당한 지적이지만, 점차 인간의 통제에서 벗어나 높은 수준의 자유도를 획득하는 인공지능의 기술적 특성을 반영하고 있지 못하다. 제아무리 배후 인간의 윤리성을 교정한다고 해도 그것이 인공지능 의사 결정에 충분한 영향력을 끼치지 못하는 시점이 언젠가는 올 것이고, 여기에 대한 유효한 대안은 인적 규제가 아닌 기술 규제다.

이러한 문제의식에서 오늘날 인공지능 거버넌스 분야에서는 무수히 많은 기술 규제가 널리 활용되고 있다. 공정성 분야에서 활용되는 공정성 지표(fairness metrics)는 공정성을 수리적인 지표로 환산하고 인공지능 의사결정의 지표값을 비교해 공정성을 판정한다. 설명 가능 인공지능(eXplainable AI, XAI)은 가장 널리 알려진 기술 규제의 사례로, 투명성을 실현하기 위한 기술 규제의 도구를 가리킨다. 개인정보 침해를 방지하기 위한 비식

별(de-identification) 조치나 최근 개발되는 다양한 신뢰성, 안전성 지표도 실무에서 활용되는 대표적 기술 규제 사례다.

기술적 위험과 사회적 위험

기술 규제는 인공지능이 활용하는 기계적 언어와 부합하는 수리적 방식으로 정의되고 활용된다는 커다란 장점을 가지고 있지만, 단점이 없는 것은 아니다. 가장 큰 이슈는 모든 문제의 근원인 인공지능의 위험이 인간이 느끼고 규정한 개념이라는 것이다. 인간이 경험하는 개념을 기계의 언어로 재정의하는 과정에서 자연스레 많은 종류의 정보가 소실되기 마련이고, 이는 인공지능 거버넌스의 실현 과정에서 오류를 빚어내는 원인이 된다. 이러한 문제의식에서 오늘날 인공지능 거버넌스는 인적 규제와 기술 규제를 완전히 대척점에 서 있는 양자택일의 대안이 아니라 적절히 혼용해야 하는 보완적 수단으로 본다(박도현, 2022).

이를 가능하게 하는 첫걸음은 '인공지능 위험'이라는 단일 개념의 구체적 사례를 인적 규제와 기술 규제에 친화적 방식으로 유형화하는 것이다. 가령 미국 국립표준기술연구소(National Institute of Standards and Technology, NIST)는 인공지능 위험을 기술적 특성과 사회-기술적 특성에 초점을 둔 것으로 양분했는데(NIST, 2021), 이러한 분류와 유사하게 기술적 위험과 사회적 위험이라는 두 개의 분류 체계를 떠올려 볼 수 있다. 보안과 정확성 같은 명확한 정량적 기준과 결부된 가치를 침해하는 경우와, 공정성과 투명성 같은 질적 평가와 결부된 정성적 가치를 침해하는 경우를 각기 구분하자는 것이다(박도현, 2022).

만일 기술적 위험과 사회적 위험을 어렴풋하게나마 구분할 수 있다면, 이를 통해 인적 규제와 기술 규제에 더 많은 방점을 둔 각기 다른 형태의 거버넌스 조합이 만들어질 수 있다. 인공지능이 사회에서 더 많이 활용될수록 그것의 위험에 대한 정보도 점차 늘어날 것이고, 기술적 위험과 사회적 위험의 구분은 더욱 정교해질 것이다. 그동안에는 거버넌스가 이처럼 단계적으로 진화할 가능성보다는 인적 규제와 기술 규제에 기초한 거버넌스를 개념적으로 양분하고 둘 중 무엇이 우월한지에 대한 논의가 주종을 이루었다. 이와 같은 사변적 논쟁에서 벗어나, 실무적으로 문제가 되는 인공지능 위험을 다루는 유효적절한 대안이 무엇인지에 관한 실용적 논의에 집중할 필요가 있다.

기술 규제와 표준

기술이 만들어지는 과정에 어떤 제약 조건을 부과해 이를 규제한다는 발상은 인간 대신 의사 결정을 담당하는 인공지능의 특성과 크게 부합하는 것이지만, 인공지능 맥락에서 최초로 등장한 것은 아니다. 작게는 컴퓨터에 설치된 보안장치부터 크게는 자동차에 마련된 안전장치까지 다양한 종류의 기술 규제가 인류 역사와 함께 진화했다. 다만 인공지능은 기존에 인간만 할 수 있고 해야 한다고 믿어 온 사회적 가치 역시 기술 규제의 일부로 포섭했다는 차이가 있을 뿐이다.

이에 따라 인공지능, 특히 신뢰할 수 있는 인공지능의 구현을 목표로 삼는 기술 규제는 다른 기술 규제가 그리한 것처럼 표준(standard)의 형태로 발전할 것이라는 예상을 해 볼 수 있다. 표준이란 어떤 대상의 행태를 일정한 방향으로 유도하는 방법론으로, 어떻게 보면 인간의 규범 역시 일종의 표준에 해당한다. 그러나 일반적으로는 기술의 사양을 특정 형태로 규격화한 것을 의미한다. 이러한 표준은 생산자에게는 효율성을 높이고, 소비자에게는 예측 가능성을 높이는 역할을 담당한다(안선주, 2021).

표준은 국내적 차원에서도 만들어지고 있지만 더욱

중요한 것은 국제표준이다. 무엇이 국제표준의 지위를 차지하느냐에 따라 국가와 기업의 유불리가 크게 달라질 수 있기 때문이다. 이에 따라 오늘날 세계 각지에서 국제표준을 선점하기 위한 치열한 물밑 작업이 이어지고 있다.

이는 인공지능 맥락에서도 마찬가지로, 가령 국제표준화기구(ISO) 및 국제전기기술위원회(IEC)는 인공지능 표준화 작업을 도맡은 분과를 마련해 위험 관리와 관련된 다양한 표준을 발표했다. 여기에서는 우리나라도 일부 프로젝트의 의장을 맡는 등 여러 가지 노력을 통해 논의를 주도하고 있다. 전기전자공학자협회(IEEE)는 2019년 "윤리성에 합치(align)하는 자율적, 지능적 시스템의 설계"라는 보고서를 발표한 이후, 이를 구체화한 일명 'P7000 시리즈' 표준을 발표하면서 유사한 노력을 이어왔다. 이와 같은 국제기구와 별도로, 미국과 유럽연합은 독자적 표준 논의를 통해 인공지능 거버넌스 영역에서 사실상의 구속력을 확보하려는 행보를 이어 가고 있기도 하다.

참고문헌

박도현(2021). 인공지능 윤리의 두 가지 가치. ≪법학논문집≫, 45권

1호, 89～118.
박도현(2022). 신뢰할 수 있는 인공지능의 이론적 고찰. ≪법철학연구≫, 25권 2호, 321～364.
안선주(2021). 『표준전쟁』. 골든타임.
NIST(2021). Draft – Taxonomy of AI risk, https://www.nist.gov/system/files/documents/2021/10/15/taxonomy_AI_risks.pdf

06

위험 기반 AI 규제

2021년 4월 유럽연합이 인공지능법 초안을 발표한 이후 AI 위험 규제의 패러다임이 자율 규제에서 강제 규제로 변화하고 있다.
인공지능법의 핵심은 AI 위험 및 그에 대한 규제의 정도를 차등화한 위험 기반 규제다. 특히 금지해야 하는 수용할 수 없는 위험군 AI와 강한 규제가 요구되는 고위험군 AI를 어떻게 규정할지가 실무상 중요한 문제가 된다.

자율 규제에서 강제 규제로

인공지능 거버넌스는 원칙에서 실천으로, 인적 규제에서 기술 규제로의 진화를 거듭했으나 큰 틀에서 자율 규제 패러다임을 우선시한다는 기조는 변하지 않았다. 따라서 규제의 실효성이 이를 수행하는 대상 스스로에게 맡겨져 있다는 자율 규제의 궁극적 한계에는 여전히 취약점을 드러냈다. 법을 통한 강제 규제의 실현이 인공지능 산업과 기술을 위축할 수 있다는 우려가 꾸준히 제기되었으나, 누적되는 인공지능의 위험이 어느 순간 사회적 임계점을 넘어설지 모른다는 지적이 이어지면서 법적 규제에 관한 관심이 점차 높아졌다. 바야흐로 자율 규제의 시대가 가고 강제 규제의 시대가 온 것이다(Floridi, 2021).

특히 유럽연합이 2021년 4월 인공지능법(EU AI Act) 초안을 발표한 것은 이러한 흐름을 극대화한 계기가 되었다. 유럽연합은 2018년 기준 상당히 강력한 일련의 규제를 담은 개인정보보호법(General Data Protection Regulation, GDPR)을 시행했고, 이것은 유럽연합을 넘어서는 국제표준으로 자리매김했다. 유구한 역사와 강력한 시장 지배력을 보유한 유럽연합은 세계 각국의 기업이 이들의 규제에 순응하게 되는 이른바 '브뤼셀 효과

(Brussels effect)'를 만들어 냈고, 이에 따라 인공지능법에도 유사한 효과를 확장하려고 한 것이다. 이들 법은 유럽연합 외부에 소재하면서 회원국 국민에게 영향을 끼치는 기업에도 적용되고, 법 위반 시 전 세계 연 매출액의 일정 비율을 과징금으로 부과하도록 해 실효성을 극대화했다.

유럽연합이 인공지능법 초안 발표 이후 실제로 브뤼셀 효과를 거두고 있는지에 대해서는 이견이 있지만, 이것이 각국의 법정책에 커다란 영향을 미친 사실만큼은 논란의 여지가 없다. 실제로 이후에 캐나다, 브라질 등 다양한 국가에서 인공지능법 입법 논의가 이어지고 있고, 우리나라 법제화 논의에도 큰 영향을 미쳤다. 다만 미국은 전통적으로 자국 기업 보호와 산업의 발전을 위해 강제 규제에 비해 자율 규제를 중시하는 풍조가 있었고, 인공지능 맥락에서도 여전히 자율 규제를 중심에 둔 정책을 펼치고 있다. 그러나 유럽에서 사업을 하는 미국의 기업에는 유럽연합의 입법이 중요한 의미를 가지고, 바이든 정부 출범 이후에는 미국에서도 인공지능법 입법 논의가 점차 증가하는 추세다.

유럽연합 조직은 초안 발표 후 '3자 협의(trilogue)'를 거쳐 수정안을 연이어 발표했고, 개별 조직 및 회원국의 정치적 합의를 통해 2024년 6월 최종 입법에 이르렀다. 대다수 조항은 법이 발효된 2024년 8월을 기준으로 2년 뒤부터 시행되지만, 일부 조항은 6개월, 12개월, 36개월의 경과 기간을 두고 있다. 이처럼 하나의 법에서 서로 다른 규율 체계를 가지게 된 이유를 파악하려면 유럽연합 인공지능법이 가진 고유의 특징인 '위험 기반 규제'가 무엇인지를 상세히 살펴볼 필요가 있다.

위험 기반 규제의 의미

지금까지 인공지능 규제의 핵심을 이룬 인공지능 거버넌스 논의는 '신뢰성'이라는 대원칙을 정점으로 공정성, 책임성, 투명성 등의 하부 원칙을 도출하고 개별 원칙의 특성을 가장 적절히 구현하는 방법론을 제시하는 데 주력했다. 이러한 접근은 인공지능이 구체적으로 활용되는 맥락의 특성을 고려한 것이라는 장점이 있지만, 규제에 너무 많은 정보가 필요하다는 문제가 있었다. 여기에 더해 의료, 교통, 국방과 같은 인공지능이 활용되는 세부적인 영역별로 이러한 하부 원칙이 각기 달리 적용된다면 규제의 총량이 엄청나게 방대해지게 된다.

이와 같은 문제를 방지하려면 인공지능이 적용되는 구체적 맥락을 불문하고 규제 강도를 일률적으로 조율하기 위한 매개변수가 필요했다. 유럽연합은 2020년 2월 발표한 인공지능 백서에서 이 역할을 담당하는 개념으로 '위험(risk)'을 제시했다(European Union, 2020). 위험이란 인간에게 발생하는 해악의 크기와 확률을 조합한 것을 가리키는데, 현실에서 구체적 수치를 산출하기는 어려워 과학적 분석과 규범적 평가를 조율해 도출하는 것이 보통이다. 위험과 같은 단일한 인자를 구체적 규제 맥락에 공통으로 활용하는 방식의 규제를 흔히 '수평적 규제'라고 일컫는다.

아울러 유럽연합은 수평적 규제에 더해 위험의 크기에 따라 규제를 차등화하는 비례적 규제를 인공지능 규제의 또 다른 중요한 개념으로 제시했다. 이는 인공지능이 산출하는 위험 대비 과소 규제는 기본권의 침해를, 과다 규제는 혁신의 저해를 유발할 수 있다는 문제의식에서 등장한 개념이라고 이해할 수 있다. 인공지능 백서는 특히 인공지능의 위험을 '고위험'과 '고위험이 아닌 위험'으로 이원화하면서, 고위험군 인공지능에 상대적으로 강력한 규제를 가하는 규제 방식을 '위험 기반 규제(risk-based regulation)'로 명명했다.

유럽연합 인공지능법의 위험 기반 규제

인공지능법 초안은 위험 기반 규제의 큰 틀과 위험이라는 매개변수의 명칭은 그대로 유지하면서 위험의 유형을 네 가지로 세분화했다. 초안은 인공지능이 유발하는 위험을 수용할 수 없는 위험, 고위험, 제한적 위험, 최소 위험으로 구분했고, 수용할 수 없는 위험군은 원칙적 금지, 고위험군은 강한 규제, 제한적 위험군은 투명성 의무 부과라는 차등적 규제를 부과하면서 최소 위험군은 강제 규제의 범위에 포함하지 않았다. 초안과 최종안을 비교할 때 개별 위험군에 포함되는 인공지능의 활용 사례, 규제의 종류 등에는 몇 가지 차이가 있지만, 위험 기반 규제의 큰 틀은 변함없이 유지되고 있다.

이중 위험 기반 규제의 핵심을 이루는 것은 수용할 수 없는 위험과 고위험 인공지능의 두 가지 유형이다. 수용할 수 없는 위험군에 속하는 인공지능은 원칙적으로 출시가 금지되고, 고위험군에 속하는 인공지능은 그 생애주기에 결부되어 있는 여러 이해관계자에게 각종 의무가 부과되기 때문이다. 그리하여 통상적으로 이 두 유형의 범위를 축소할수록 사업자에게 유리해지고, 확대할수록 일반 대중에게 유리해지게 된다. 일부 사업자들은 사업의 존속 자체가 어려워질 수도 있는 만큼, 유럽연합 인공지능법의 위험 기반 규제에 대해 극도로 부정적인 시각을 가지고 있기도 하다.

한편 이러한 네 가지 위험군의 틀 외에 최종안에서 추가된 위험으로 '시스템 위험(systemic risk)'이 있다. 이는 초안 발표 후 챗GPT가 급부상하면서 일반적 인공지능의 성능을 뛰어넘는 범용 인공지능의 규제 필요성이 제기되자, 범용 인공지능 중 일부가 만들어 내는 특유의 위험으로 제시된 개념이다. 인공지능의 역량이 기하급수적으로 상승하면서 그것이 사회 시스템 전체에 위험을 전파할 가능성이 제기되었고, 이를 시스템 위험이라는 개념으로 정의하게 된 것이다. 시스템 위험은 일반 인공지능에 적용되는 위험 기반 규제와는 별개 기준을 따르는 위험의 일종으로, 이에 대한 논의는 아직 초기 단계에 있다.

시스템 위험을 논외로 하면 유럽연합 위험 기반 규제에는 어떤 의의와 한계가 있을까? 위험 기반 규제의 가장 큰 장점은 위험이라는 일률적 개념의 활용을 통해 법적 규제를 가능하게 해 예측 가능성을 높인 데 있다. 인공지능을 전적으로 자유방임에 맡길 것이 아니면, 심지어 기업의 관점에서도 강도가 낮으면서 불명확한 규제보다는 강도가 높더라도 명확한 규제가 도입되는 것이

유리할 수 있다. 위험은 오랫동안 인간이 그것의 실체와 관리 방안을 구체화한 개념이므로, 인류가 형성해 온 지혜를 활용한다는 이점을 가지고 있기도 하다(NIST, 2023).

반면 위험 기반 규제는 인공지능의 구체적 활용 맥락을 무시하고 위험이라는 단일한 차원의 개념으로 규제 실무를 단순화한 점에서 한계가 있다. 공정성, 책임성, 투명성을 필두로 한 다양한 거버넌스 논의가 수년 동안 진행되었으나 결국 모든 문제가 위험 규제로 환원되면서 의미가 퇴색된 셈이다. 나아가 고용, 교통을 비롯한 인공지능의 구체적 활용 영역별 위험의 양상을 고려하기 어렵기도 하다. 이러한 문제를 방지하려면 구체적 맥락을 고려하면서 법적 강제 규제에 자율 규제를 적절히 혼합하는 방식의 거버넌스를 도입할 필요가 있다. 아울러 이러한 일반론에 더해, 각국의 문화적 특성을 고려한 고유의 규제 체계를 수립하기 위한 노력이 더해져야 할 것이다.

참고문헌

European Union(2020). White paper on artificial intelligence: A European approach to excellence and trust, https://commission.europa.eu/publications/white-paper-artificial-intelligence-european-approach-excellence-and-trust_en

Floridi, L.(2021). The end of an era: From self-regulation to hard law for the digital industry. *Philosophy & Technology, 34*, 619~622.

NIST(2023). Artificial intelligence risk management framework (AI RMF 1.0), https://nvlpubs.nist.gov/nistpubs/ai/nist.ai.100-1.pdf

07
한국의 AI 규제

우리나라의 AI 규제는 전통적 IT 규제와 마찬가지로 정부 주도적 흐름이 중심을 이루었다. 정부에서는 유럽연합과 미국의 양대 규제 체계를 맹목적으로 도입하지 않고 그 사이에서 적절한 균형을 이루기 위한 노력을 기울였다. 이러한 노력은 다수의 인공지능법 입법으로 이어지기도 했다. 한편 국내 법제 중에는 '인공지능'이라는 명칭은 없지만 내용상 AI 규제 내용을 포함하는 것들도 있다.

한국의 인공지능 규제 모델

우리나라의 인공지능 규제는 어떤 식으로 진행되었을까? 한국 인공지능 규제 논의의 한 가지 중요한 특징으로는 이른바 '관치주의'로 불리는, 정부가 정책을 주도하는 흐름이 이어졌다는 것을 들 수 있다. 알파고 사례를 통해 인공지능에 대한 대중의 관심이 환기되었고 이것이 원동력이 된 것은 부인할 수 없지만, 기본적으로 인공지능 규제를 주도한 것은 정부였다(Park et al., 2024). 해외에서는 주로 기업이 주도해 배포한 원칙과 체크리스트조차 우리나라에서는 정부가 발표한 사항을 업계가 변용하는 방식이 주를 이루었다.

다른 한 가지 특징으로는, 한국은 비교적 국내외의 논의 동향을 재빠르게 파악하고 이를 정책에 적극적으로 반영했다는 것이다. 일찍이 알파고 사건이 발생한 2016년경부터 논의가 시작되었고, 국내외에서 중요한 사건이 발생할 때마다 이를 반영하도록 정책의 기조가 신속히 변경되었다. 이루다 사건은 이를 보여 준 대표적 사례다. 이루다는 국내 스타트업 스캐터랩이 2020년 말 출시한 인공지능 챗봇인데 테이와 유사한 논란이 불거지면서 얼마 지나지 않아 서비스가 중단되었다. 개인정보보호위원회는 스캐터랩에 1억 원이 넘는 과징금과 과태료를 부과했고, 스캐터랩은 모델의 윤리적 수정을 거쳐 2022년 10월에야 2.0 버전의 이루다를 재출시할 수 있었다. 이루다는 국내에서 인공지능 거버넌스에 대한 관심을 급격히 고조시킨 계기가 되었다.

그러면서도 한국 정부는 그러한 접근이 해외 논의의 맹목적 추종으로 흐르지 않도록 경계하는 태도를 보였다. 그동안 국내에서는 많은 경우 '계수'라는 미명으로 해외 선진국의 법정책을 비슷한 형태로 들여오는 일이 많았고, 특히 대륙법계 국가인 한국은 유사한 체계를 가진 유럽연합 입법 논의에 많은 촉각을 기울일 여지가 컸다. 그러나 유독 인공지능 규제 논의에서는 이러한 접근을 거부하는 목소리가 큰 편인데, 이는 한국의 IT 분야가 세계 시장을 선도하고 있다는 사실과도 무관하지 않은 것으로 보인다. 유럽연합의 강력한 인공지능 규제가 받아들여지면 이는 국내 IT 업계에 큰 부담이 될 수 있기 때문이다(고학수 외, 2021).

요컨대 한국은 유럽연합과 미국의 양대 체제를 맹목적으로 추종하지 않는 독자적 노선을 추구하는 인공지능 규제 모델을 그려 나가고 있다. 그럼에도 현실적으로 현재 세계의 인공지능 규제 논의를 선도하는 유럽연합의 인공지능법 논의가 가진 파급력을 무시할 수는 없어 그것의 많은 영향을 받고 있다. 특히 대륙법계 국가인 우리나라 입장에서 법체계의 호환성을 고려할 때 더욱 그러하다. 그러나 유럽연합의 강력한 위험 기반 규제가 세계 시장에서 우리나라 IT 기업의 경쟁력을 잠식할 수 있다는 우려가 있고, 이에 따라 실질적으로는 자율 규제를 중시하는 미국 모델이 한국 인공지능 정책 논의에서 조금 더 큰 영향력을 발휘하고 있다.

인공지능법 입법 현황

현재 국내에는 형식적으로도, 실질적으로도 '인공지능법'이라고 일컬을 수 있을 만한 법률이 시행되고 있지 않다. 인공지능과 같은 신기술 분야의 법률은 크게 기본법을 정점으로, 진흥법과 규제법의 이원적 체계로 구분될 수 있다. 여기서 진흥법이란 해당 신기술을 더욱 발전시키기 위한 도움을 주는 정책을 포괄하는 것이고, 규제법이란 해당 신기술에 의한 해악과 위험을 예방하고 근절하기 위한 정책을 포괄하는 것을 말한다. 그리고 기본법은 이들 법을 아우르는 추상적 내용을 상위에서 규정한 것을 가리킨다. 요컨대 현재 국내에는 인공지능이라는 신기술에만 특화된 기본법, 진흥법, 규제법 중 무엇도 시행되고 있지 않다.

이와 가장 관련성이 높은 법률로는 본래 '국가정보화 기본법'이었다가 2020년의 전부개정을 통해 명칭이 변경된 '지능정보화 기본법'을 들 수 있다. 이 법은 '지능정보기술'을 규정한 뒤 그에 대한 진흥과 규제적 측면을 추상적으로 제시하고 있는데, 법의 정의상 지능정보기술은 일반적으로 통용되는 인공지능에 비해 훨씬 더 넓은 범위로 규정되어 있다. 따라서 이를 인공지능법으로 보기 어려운 것은 물론, 인공지능 기본법과 지능정보화 기본법이 공존하는 것이 과연 바람직한지도 의문이다. 기본법이라는 같은 위계에서 인공지능 기술에 초점을 맞춘 법률과 인공지능을 넘어선 일련의 기술을 포괄하는 법률이 공존해 모순이 빚어질 수 있기 때문이다.

이 외에 최근 널리 활용되고 있는 머신러닝 기반 인공지능이 개인정보를 처리하는 경우가 많다는 사실로부터 '개인정보 보호법'이 인공지능법의 일종으로 분류되기도 한다. 그러나 여기에는 개인정보가 아닌 정보를 처리하거나 규칙 기반 인공지능을 포괄할 수 없다는 한계가 있다. 데이터의 기본법 역할을 담당하는 '데이터 산업진흥 및 이용촉진에 관한 기본법'과 지능형 로봇을 규율하는 '지능형 로봇 개발 및 보급 촉진법' 역시 이와 유사한 문제를 가지고 있다. 다만 추후 인공지능법이 입법되면 이들 법률은 일정한 상황에서 특별법 역할을 할 수 있을 것으로 보인다.

최근에는 법률 전체가 아닌, 개별 법조항에서 인공지능 혹은 유관 개념을 다루는 경우도 찾아볼 수 있다. 인공지능 기술을 적용한 경우를 포함한 완전히 자동화된 시스템에 의한 자동적 처분의 근거 조항인 행정기본법 제20조가 그 대표적 사례다. 이를 통해 재량이 개입되지 않은 기속적 처분은 인공지능에 의한 완전 자동화 방식에 의해 내려질 수 있다. 인공지능 기술을 활용하여 만든 딥페이크 선거 영상의 활용을 규제한 공직선거법 제82조의8이나, '인공지능'이라는 표현은 없지만 성범죄에 악용된 딥페이크를 규제한 성폭력범죄의 처벌 등에 관한 특례법 제14조의2 등은 사회적 이슈와 맞물려 많은 주목을 받고 있기도 하다.

21대 국회의 입법 논의

그러면 국내에서 '인공지능법'으로 일컬을 수 있을 만한 입법 논의는 어떻게 진행되고 있을까? 국내에서 이와 같은 논의가 크게 활성화된 시기는 알파고 사건이 대중의 관심을 사로잡은 20대 국회 때였다. 다만 당시는 인공지능 거버넌스 분야 자체가 확립되기 전이어서 구체화된 입법 논의가 이루어지기 어려운 시점이었다. 4차 산업혁명, 로봇, 인공지능과 같이 각기 다른 용어가 법률안의 표제로 혼재했고, 기본법, 진흥법, 규제법 중 무엇에 초점을 둘지에 대해서도 통일되지 않은 채 인공지능 기술과 산업이 중요하다는 구호만 난무했다. '인공지능'을 표제에 명시한 법률안이 일부 발의되었으나, 시기상 얼마 되지 않아 20대 국회의 임기 만료와 함께 폐기되었다.

어느 정도 정립된 논의가 본격화한 것은 21대 국회부터였다. 특히 2020년대에 접어들어 이 분야의 논의가 무르익으면서 법률안의 내용도 이전에 비해 제법 구체화되었다. 다만 한 가지 문제는 인공지능법의 초점을 진흥에 둘지, 규제에 둘지에 관한 것이었다. 근본적 철학이 다른 복수의 법률안이 한꺼번에 제출되면서 양립하기 어려운 몇 가지 논쟁의 갈래가 부각되기 시작했다. 이후 논의를 거쳐 산업의 진흥과 미국식 자율 규제에 방점을 둔 통합 법률안이 소위를 통과했고, 시기상 유럽연합보다 더 빠른 세계 최초의 인공지능법이 통과될 가능성도 엿보였다.

그러나 최종적으로 통합 법률안은 통과되지 못하고 임기 만료로 폐기되었다. 이러한 결론에 이르게 된 가장 큰 이유는 유럽연합 식의 강제 규제를 중시한 이들과 의

견의 합치를 보지 못했기 때문으로 평가된다. 가령 국가인권위원회는 통합 법률안이 표방한 인공지능 기술에 대한 '우선허용 사후규제'의 철학이 사회에 커다란 해악을 낳을 것으로 보고, 유럽연합 인공지능법에 비해 지나치게 약한 규제가 적용되었다고 지적했다(국가인권위원회, 2023). 인공지능이 도입되지 않은 시점에서 그 위험에 대한 정확한 평가는 원리적으로 불가능한 탓에, 결국 이에 대해서는 인공지능의 편익과 해악에 대한 사회적 합의가 요구될 수밖에 없다.

인공지능에 대한 높은 관심을 반영하듯, 개원 후 얼마 지나지 않았지만 22대 국회에는 이미 여러 개의 법률안이 제출되어 있다. 21대 국회에서 그러한 것처럼 여기에는 진흥에 방점을 둔 것과 규제에 방점을 둔 것이 뒤섞여 있다. 어떤 법률안은 기본법의 명칭을 가지고 있고, 어떤 법률안은 진흥법이나 규제법에 초점을 둔 듯한 인상을 주는 명칭을 취했다. 그러나 중요한 것은 그것이 어떤 정당에서 발의되었거나 어떤 이름을 가지고 있느냐가 아니라, 과연 우리나라의 고유한 특성을 적절히 반영한 것이냐는 데 있다. 향후의 논의는 그러한 방향에 초점을 두고 전개되어야 할 것이다.

참고문헌

고학수 외(2021). 유럽연합 인공지능법안의 개요 및 대응방안, https://sapi.co.kr/2021-9-2%ed%98%b8-%ed%8a%b9%eb%b3%84-%ea%b8%b0%ea%b3%a0_%ec%9c%a0%eb%9f%bd%ec%97%b0%ed%95%a9-%ec%9d%b8%ea%b3%b5%ec%a7%80%eb%8a%a5%eb%b2%95%ec%95%88%ec%9d%98-%ea%b0%9c%ec%9a%94-%eb%b0%8f-%eb%8c%80/

국가인권위원회(2023). "「인공지능 법률안」, '우선허용·사후규제' 원칙 삭제하고, 인권영향평가 도입해야", https://www.humanrights.go.kr/base/board/read?boardManagementNo=24&boardNo=7609439&menuLevel=3&menuNo=91

Park, D. H., et al.(2024). A tough balancing act – The evolving AI governance in Korea. *East Asian Science, Technology and Society: An International Journal, 18*(2), 135~154.

08
AI 혁신과 규제

AI와 같은 신기술 논의에서는 과잉 규제와 과소 규제가 논란이 된다. 때로는 이러한 논쟁이 혁신과 규제의 대립으로 이어지기도 하는데, 양자의 이분법적 구분은 실재하지 않는 허구적 관념이라는 점에서 문제가 된다. 두 개념을 적절히 조율한 정책을 수립하기 위해서는 정책 당국이 신기술의 위험에 대한 충분한 정보를 확보할 필요가 있다. 규제 샌드박스 제도는 이러한 과정을 보다 원활히 해 주는 윤활유 역할을 할 것으로 기대된다.

과잉 규제와 과소 규제

인공지능과 같은 신기술 규제 논의에서 항상 화두가 되는 두 가지 개념이 바로 과잉 규제 및 과소 규제다. 명칭에서 알 수 있듯, 과잉 규제와 과소 규제는 모두 이상적 수준의 규제가 존재한다는 암묵적 전제를 바탕으로, 현실에 이를 초과하거나 그에 모자란 규제가 도입된 현상을 지적하는 개념이다. 과잉 규제를 지적하는 이들은 과다한 규제를 혁파할 수 있도록 규제 개혁을 외치고, 과소 규제를 지적하는 이들은 규제 공백으로 인한 기본권 침해가 일어나지 않도록 하는 데 초점을 맞춘다.

우리나라에서 규제 개혁에 대한 논의는 오랫동안 이루어져 왔다. 한국은 '규제 공화국'이라고 불릴 만큼 많은 규제를 보유하고 있고, 진보와 보수를 막론하고 모든 정권에서 지나친 규제가 경제 성장을 저해한다는 인식을 공유했다. 그러나 정권 초기에 입을 한데 모아 규제 개혁을 부르짖다가도 실제로는 규제가 줄어들기는커녕 유지되거나 도리어 늘어나기가 일쑤였다. 이와 같은 문제의식에서 1997년 제정된 행정규제기본법은 규제를 신설하거나 강화할 때 자유와 창의의 저해를 방지하기 위한 규제영향분석을 비롯한 일련의 제도적 대안을 신설했다. 이후에도 행정규제기본법은 이러한 철학을 발전

시킨 '우선허용 사후규제 원칙'과 같은 제도를 꾸준히 도입했다.

우선허용 사후규제 원칙이 도입된 배경은 규제 법제가 헌법의 기본 이념과 모순되는 철학을 채택하고 있다는 문제의식에서 비롯되었다. 헌법 제37조 제2항은 국민의 자유와 권리가 일정한 요건하에서만 제한된다는 것을 명시하고 있고, 이는 규제 법제의 근간을 이루는 행정기본법 및 행정규제기본법에도 반영되었다. 그러나 규제 실무에서는 오랫동안 행정청에서 허용한 것 외의 모든 행위는 원칙적으로 금지된다는 이른바 '포지티브 규제'가 자리 잡았고, 이에 대한 반감이 우선허용 사후규제 원칙이 도입된 계기가 되었다.

강제 규제에 비해 자율 규제를 강조하는 최근의 풍조 역시 유사한 관점에서 이해된다. 이론상 자율 규제가 더 적은 규제로 이어질 필연적 이유는 없지만, 현실적으로는 자율 규제를 중시하는 업계는 네거티브 규제를 지지하는 경향이 있기 때문이다. 이에 따라 오늘날 네거티브 규제와 자율 규제는 과잉 규제를 반대하는 이들이 주로 대안으로 제시하는 규제 개혁의 대표적 수단으로 인식되고 있다. 이것은 인공지능 맥락에서도 마찬가지여서, 과잉 규제와 규제 개혁에 담긴 문제의식은 인공지능 규제 논의에도 확장되고 있는 모습이다.

다만 이에 대해서는 반론도 만만치 않다. 역사적으로 규제가 등장한 기원은 개인이 직접 관리하기 어려운 복잡다기한 신기술이 출현하면서 인류의 위험이 급증한 사실에서 찾을 수 있다(조홍식, 2002). 물론 인간이 일체의 상황에서 이와 같은 위험을 관리할 만한 충분한 역량을 확보하고 있다면 별다른 문제가 되지 않겠지만, 인공지능과 같은 신기술이 만들어 내는 불확실성은 점점 커지고 있다. 위험이 확대되는 상황에서 무작정 규제의 혁파만을 앞세운다면 이에 따른 규제 공백이 개인의 기본권을 위협하리라는 것은 자명한 일이다.

혁신과 규제의 이분법을 넘어

지금까지의 논의를 통해 알 수 있는 한 가지 사실은, 인공지능이 만들어 내는 위험은 위험 그 자체만이 아니라 인공지능이 만들어 내는 편익과 그것을 관리할 수 있는 인류의 역량을 한데 엮어 논의해야 한다는 것이다. 절대적 금지가 필요한 수용할 수 없는 위험이 아니라면 이를 능가하는 편익이나 위험을 관리하는 인류의 역량이 인공지능의 도입을 정당화할 수 있기 때문이다. 다시 말해 혁신과 규제는 어느 한 가치만을 별개로 판단할 이분법적 대상이 아니라, 쌍방이 만들어 내는 역학 관계를 종합적으로 평가해야 하는 산물인 셈이다(박도현, 2024).

그러나 현실에서는 혁신과 규제를 서로 배척해야 할 적으로 규정하고 둘 중 어떤 가치를 선택할 것이냐는 이분법적 도식이 팽배한 상황이다. 규제 개혁을 지지하는 이들은 규제의 증가가 혁신의 위축으로 이어진다는, 규제 공백을 지지하는 이들은 규제의 축소가 기본권의 침해로 이어진다는 각기 다른 공식을 주장한다. 이러한 이분법적 공식은 현실에 엄연히 존재하지 않는 허구다. 규제는 신기술에 대한 대중의 신뢰를 높여 산업을 활성화할 수 있을뿐더러, 그럼에도 과다한 규제는 위험 방지로 인한 이득을 능가하는 편익의 감퇴를 가져올 수 있다. 이처럼 혁신과 규제의 상호작용은 지극히 복잡한 것이므로, 두 가지 가치의 양자택일을 강요하는 단선적 사고방식은 지양되어야 한다.

혁신과 규제에 관한 이러한 선입견은 상당 부분 규제에 대한 이데올로기적 몰이해로부터 초래된 것이다(이원우, 2008). 혁신과 규제는 모두 인류가 달성해야만 하는 중요한 가치이되, 다만 현실적으로 양자가 상충하는 경우가 많아 양자를 조율하는 적정한 지점을 탐색할 필요가 있을 뿐이다. 인공지능의 혁신을 위해 어떠한 규제도 도입하지 않아야 한다거나, 인공지능의 위험을 방지하기 위해 상상할 수 있는 가장 강력한 수준의 규제를 도입해야 한다는 이분법적 관념은 미래의 논의에서 최우선으로 배척해야 할 구시대적 잔재다.

규제 샌드박스의 도입

인공지능을 비롯한 신기술 맥락에서 이러한 이데올로기적 갈등이 무한히 되풀이되는 근본적 원인은 무엇인가? 이는 근원적으로 과잉 규제와 과소 규제를 판단하는 기준인 '규제의 이상적 수준'을 규정하는 방식이 경험적 탐구와는 거리가 먼, 개인 또는 그 사람이 속한 집단의 가치관에 달려 있다는 데 있다. 개념 정의상 신기술은 아직 현실에 도입되지 않은 기술이므로, 규제 당국은 신기술이 만들어 내는 위험의 실제적 양상을 알지 못한다. 따라서 이와 같은 무지의 상태를 악용해 자신이 믿는 사상을 올바른 이상적 규제로 둔갑시키려는 시도가 발생할 여지가 있다(박도현, 2022).

인공지능 기술을 예로 들면, 우리 사회에는 인공지능이 인류를 멸종시킬 것이라는 기술비관론을 믿는 이들과, 인공지능이 인류를 진화시킬 것이라는 기술낙관론을 믿는 이들이 공존하고 있다. 이들의 비관론과 낙관론은 모두 하나의 가설일 뿐이고, 무엇이 진실일지는 누구도 알지 못하고 알 수도 없다. 일각에서는 과거의 생명윤리, 환경윤리 등을 인공지능 맥락으로 옮겨 이들 견해의 타당성을 알아내려고 시도하기도 하지만, 오늘날 인공지능 기술은 전례가 없이 급격히 진화하는 산물이므로 이러한 방식의 유추가 합리적일지는 의문이다. 그렇다고 하여 언제까지나 현상 유지에 기반한 규제를 바탕으로 신기술에 대처할 수만도 없다.

그러면 비합리적 믿음에 근거한 규제를 근절하면서도, 아직 현실에 도입되지 않은 신기술에 대한 정보를 얻을 수 없다는 딜레마를 극복할 수 있는 방법이 있을까? 최근 규제 법제 논의에서 많은 관심을 받는 '규제 샌드박스(regulatory sandbox)'는 이러한 물음에 대한 유력한 대안으로 조명받고 있다. 규제 샌드박스란, 마치 아이들이 모래 상자라는 울타리 안에서 자유롭게 놀이하듯 신기술을 일정한 규율 범위에서 허용한 뒤 점진적으로 규제를 강화하는 제도를 의미한다. 이를 통해 규제 당국의 신기술에 대한 정보의 문제를 극복하고, 동시에 믿음이 아닌 경험적 데이터에 근거한 규제가 될 수 있도록 한 것이다. 규제 샌드박스는 금융 분야에서 시작되어 인공지능을 비롯한 모든 신기술 분야로 점차 응용되고 있다.

참고문헌

박도현(2022). “인간 편향성과 인공지능의 교차”. ≪서울대학교 법학≫, 63권 1호, 139~175.

박도현(2024.1.24). “인공지능법의 새로운 지평을 향하여”. ≪미래정책포커스≫, 2023 겨울호, 70~71.

이원우(2008). “규제개혁과 규제완화”. ≪저스티스≫, 통권 106호, 355~389.

조홍식(2002). “리스크 법”. ≪서울대학교 법학≫, 43권 4호, 27~128.

09

AI 전략과 규범

AI 규제에는 도구적 가치와 내재적 가치가 존재한다. 세계 각국은 도구적 가치를 자신에게 유리한 방향으로 활용하고자 하고, 이를 위한 산물이 바로 AI 국가 전략이다. 국제기구를 통해 전략적 행보를 수렴하기 위한 노력이 취해지기도 하지만, 그것이 완벽하지는 못한 것이 현실이다. 그럼에도 규제에 담겨 있는 내재적 가치는 오늘날의 인류를 만들어 낸 원동력이 되었고, AI 시대에도 이는 중요한 역할을 담당해야 한다.

인공지능 규제 논의의 맹점

혁신과 규제를 둘러싼 입장의 차이는 그것이 경제의 성장과 기본권의 보호라는 상반된 가치와 결부된다는 견해의 차이와 직결된다. 그러나 규제에 찬성하거나 반대하는 두 가지 입장에는 다소간의 공통점이 있다. 바로 규제가 단일 주체에 의해 이루어진다는 가정을 취하면서 규제의 내재적 가치(intrinsic value)보다는 도구적 가치(instrumental value)에 초점을 둔다는 점이 그것이다. 여기서 도구적 가치란 어떤 대상이 그 외부에서 마련된 목표를 달성하는 수단으로서 도움이 되는 것을, 내재적 가치란 이와 별개로 해당 대상이 가진 고유한 값어치를 의미한다(박도현, 2021).

그러면 규제의 찬성론자와 반대론자들이 규제가 단일 주체에 의해 이루어진다는 가정을 취한다는 말의 의미는 무엇일까? 이들은 모두 특정 국가가 수립하고 적용하는 '규제 시스템'이라는 추상적 대상이 수범자에게 미치는 정도가 과다한지 과소한지에 대해 논의의 초점을 맞추는 경향이 있다. 이러한 접근은 기본적으로 단일한 주체가 상정한 특정한 형태의 규제가 모든 수범자에게 적용된다는 가정을 담고 있다. 물론 현실에는 인공지능을 규율하는 복수의 법률과 법조항이 마련되어 있지만, 이를 포괄하는 특정 국가의 규제 시스템을 대상으로 논의를 진행하면 된다는 것이 이들의 공통된 생각이다.

다음으로 규제의 찬성론자와 반대론자들이 그것의 내재적 가치가 아닌 도구적 가치에 초점을 둔 논의를 하고 있다는 말의 의미는 무엇일까? 규제에 반대하는 이들은 대개 그것의 내재적 가치가 없거나 극히 적다는 전제하에, 규제가 경제 성장의 달성에 도움이 되지 않는다는 사실에 방점을 둔다. 반면 규제에 찬성하는 이들은 대체로 그것이 기본권 보호의 달성에 도움이 된다는 데 방점을 두는 편이다. 경제 성장이든, 기본권 보호든 결국 규제 자체에 담긴 가치라기보다는 그 외부에 있는 사회가 추구하는 목표의 일종이니, 내재적 가치가 아닌 도구적 가치가 논의의 중심이 된 셈이다.

여기에는 크게 두 가지 문제가 있다. 첫째는 어떤 주체가 도구적 가치를 달성할 때 가장 큰 도움이 된 규제가 주체를 여럿으로 확장한 상황에서는 그렇지 않을 수 있다는 것이다. 규제의 찬성론자든, 반대론자든 이들은 대체로 세상이 단일한 규제 시스템에 의해 규율되거나 모든 수범자에게 일률적 효력을 미치는 규제가 존재한다는 생각을 암묵적으로 전제한다. 그러나 만일 이러한 가정이 옳지 않다면, 복수 주체가 자신의 이익을 극대화하려는 경쟁이 규제의 목표를 달성하기 어렵게 만들어 도구적 가치를 감퇴시킬 여지가 있다.

둘째는 규제에는 도구적 가치를 넘어선 내재적 가치도 있다는 것이다. 만일 의사 결정에서 이와 같은 내재적 가치를 고려할 경우, 어떤 규제로 인한 도구적 가치의 증가가 내재적 가치의 감소를 상쇄하지 못하는 한 해당 규제의 도입은 정당성을 잃게 된다. 혁신과 규제를 둘러싼 일련의 논의는 이러한 두 가지 추가적 변수를 고려해야만 비로소 온전해질 수 있다. 이와 같은 문제의식을 바탕으로, 이하에서는 도구적 가치와 내재적 가치에 관한 이 두 측면을 인공지능 규제의 맥락에서 상세히 검토한다.

인공지능 규제와 국가 전략

기술 규제와 인적 규제, 자율 규제와 강제 규제와 같은 구체적 종류를 막론하고, 세상 모든 인공지능 규제에는 여러 가지 이해관계자가 개입되어 있는 것이 보통이다. 인공지능이 세상의 주목을 받을수록, 이러한 이해관계자들은 모두 저마다 자신에게 이익이 되는 방향으로 규제를 활용하려고 하게 마련이다. 무수히 많은 기술 기업이 인공지능 원칙을 발표하고, 국가별로 제각기 다른 내용과 강도의 법안을 발의하며, 이에 대한 시민사회의 평가가 전혀 다르게 나오는 이유도 모두 이러한 맥락에서 이해할 수 있다.

가장 이상적으로는 세계적으로 규제를 담당하는 단일 조직을 마련하고, 이들이 하나의 관점에서 일관된 규제를 마련하는 것이 바람직할 것이다. 오늘날 국제평화와 국제협력을 주도하는 국제연합(UN)이나 범국가적인 경제협력 문제를 조율하는 OECD와 같은 국제기구가 가진 중요성을 통해 이를 여실히 알 수 있다. 특히 인공지능 기술이 가져다주는 초인류적 편익과 해악의 가능성을 고려하면 이러한 국제적 공조의 필요성은 더욱 커진다. 국제적 공조를 통해 세계 각지에 퍼져 있는 개별 인공지능 제품과 서비스에 대한 규제가 이론을 넘어선, 현실적 차원의 집행력을 확보할 수 있게 된다.

다수의 이해관계자가 개입되어 있을 때 국제적 공조가 제대로 이루어지지 못하면 발생할 수 있는 대표적 문제가 바로 규제 차익(regulatory arbitrage)이다. 규제 차익이란 개별 규제 당국의 이해관계의 차이에 따라 서로 다른 강도의 규제가 도입되었을 때, 그 규제의 수범자들이 자신에게 가장 이익이 되는 규제의 관할권으로 옮겨 감으로써 얻는 이득을 말한다. 쉽게 말해, 기업이 가장 약한 수준의 규제가 도입된 국가에서 인공지능을 제작해 자신에게 적용될 수 있는 규제를 회피하려는 유인인 셈이다(Floridi, 2019). 나아가 이러한 상황에서 개별 국가 입장에서는 저마다 규제의 강도를 낮추려는 유인이 생겨날 수 있다. 기업 유치를 통해 글로벌 기업이 거둔 이윤에 대한 세금을 얻을 수 있기 때문이다.

어떤 국가의 규제 당국은 이와 정반대로 강력한 규제를 통해 이익을 추구할 여지도 있다. 일각에서는 유럽연합이 개인정보보호법(GDPR)과 인공지능법(AI Act)을 통해 실제로 그러한 움직임을 보이고 있다고 지적하기도 한다. 이 두 법은 모두 해당 법을 위반한 주체에 대해 전 세계 연간 매출액의 일정 비율을 과징금으로 부과할 수 있도록 규정하고 있기 때문이다. 유럽의 막대한 인구와 경제력을 고려한다면 그 시장을 포기하기 어려운 상황에서, 규제 당국은 이를 기회로 삼아 글로벌 기업에 대해 일종의 '과징금 사업'을 진행할 여지가 있다. 이는 미국과 달리 유럽이 오늘날 글로벌 시장을 주도하는 IT 기업을 별로 보유하지 못한 사실에서 그 배경을 찾을 수 있다(고학수 외, 2021).

이러한 관점에서 볼 때, 인공지능 규제는 그 자체로만 볼 것이 아니라 인공지능 국가 전략의 일환으로 파악할 수 있고, 파악해야 한다. 규제를 공익과 정의 실현의 도구로 보는 것은 어떤 면에서는 타당하지만, 그것이 전부가 될 수는 없다. 특히 세계적으로 보호무역의 기조가 강해지고 있고, 주된 대상이 한국이 강점을 보이는 반도체와 IT 산업이라는 점을 고려할 때 이러한 이해가 인공지능 규제에 던지는 시사점은 무척이나 크다. 다자적 역학관계가 반영된 국제사회에서 어떤 강도의, 어떤 내용의, 어떤 방식의 규제를 채택할지는 숙고된 전략적 판단의 결과여야 한다(Park et al., 2024).

인공지능 규제와 도덕규범

그럼에도 불구하고 우리는 법적 규제가 다른 한편으로는 보편적 도덕규범을 실현하는 통로가 되어야 한다는 사실에도 귀를 기울일 필요가 있다. 현실 논리는 이 세상을 살아가는 우리가 무시하기 어려운 준엄한 제약 조건이지만, 언제나 그러한 제약에만 머물러서는 세상이 변화할 수 없다. 우리가 현재와 같은 민주화된 세상에서 자유와 인권을 누리면서 살아가는 것은 엄연히 보편적 도덕규범을 실현하려 했던 피땀 어린 노력의 결과물이다. 따라서 바람직한 인공지능 규제는 인간의 기본적 자유와 권리, 그리고 평등을 실현하는 데 보탬이 되는 것이어야 한다.

특히 오늘날 인공지능 기술은 인간의 존재 의의 자체에 의문을 가지게 하는 방향으로 발전하고 있다는 데 주목할 필요가 있다. 물론 인간의 어떤 측면은 취약한 생물학적 특성으로부터 초래된 비합리적인 것일 수 있고, 인공지능에 의해 보완되거나 대체되어야 할 것이다. 그러나 이로부터 인간의 모든 속성이 비효율적이고 도태되어야 한다는 결론을 도출한다면 이 역시 지나치게 극단적이다. 따라서 인간 종 자체의 존립을 위협할 만한 시스템 위험을 만들어 내는 인공지능 기술에 대한 경계와 견제를 끊임없이 유지할 필요가 있다.

참고문헌

고학수 외(2021). 유럽연합 인공지능법안의 개요 및 대응방안, https://sapi.co.kr/2021-9-2%ed%98%b8-%ed%8a%b9%eb%b3%84-%ea%b8%b0%ea%b3%a0_%ec%9c%a0%eb%9f%bd%ec%97%b0%ed%95%a9-%ec%9d%b8%ea%b3%b5%ec%a7%80%eb%8a%a5%eb%b2%95%ec%95%88%ec%9d%98-%ea%b0%9c%ec%9a%94-%eb%b0%8f-%eb%8c%80/

박도현(2021). "인공지능 윤리의 두 가지 가치". ≪법학논문집≫, 45권 1호, 89~118.

Floridi, L. (2019). Translating principles into practices of digital ethics: Five risks of being unethical. *Philosophy & Technology, 32*(2), 185~193.

Park, D. H., et al.(2024). A tough balancing act – The evolving AI governance in Korea. *East Asian Science, Technology and Society: An International Journal, 18*(2), 135~154.

10
AI 위협의 미래

AI 기술은 이른바 '특이점'을 향해 급속도로 발전해 나가고 있다. 특히 최근 대두되고 있는 파운데이션 모델은 일반 인공지능의 초기 버전이라는 평가가 있을 정도로 강력한 능력을 보여 준다. 파운데이션 모델이 가진 창발성에 의해 AI의 해악과 위험 역시 인간이 생각하지 못한 방향으로 창발할 수 있고, 이는 인류에게 심각한 위협이 될 여지가 있다. AI 위협에 대한 인간의 대응은 그러한 창발성이 편익으로 구현되게끔 기여할 것이다.

인공지능의 발전과 기술적 특이점

급격히 발전하고 있는 인공지능을 바라보고 있으면 과연 이 기술의 발전은 어디까지일까 하는 생각이 든다. 그러나 오늘날의 인공지능은 인간이 볼 때 제아무리 막강한 지능을 가지고 있더라도 학습의 목표를 자체적으로 변경할 수 없다는 근원적 한계를 가지고 있다. 만일 인공지능이 이러한 한계에서 벗어나 자체적으로 목표를 수립하고, 수정하며, 끊임없이 개량해 나간다면 어떤 존재가 될 것인가? 인공지능은 인간과 달리 잠을 자지 않아도 되고, 먹지 않아도 되며, 훨씬 더 긴 수명을 가질 수 있으므로 마치 신적인 존재가 되는 것은 아닐까?

이러한 생각은 기본적으로 세계의 지배력이 더 높은 지능을 통해 얻어지는 것이라는 근대적 가정에서 비롯된 것이다. 이에 대해서는 일부 반론이 있기도 하지만, 세상을 올바로 인식하면 더 많은 정보를 얻고 이를 통해 광범위한 문제를 해결할 수 있게 되기 마련이다. 따라서 오늘날 모든 개인, 조직, 국가는 아는 것이 힘이라는 믿음에서 더 많은 정보를 더 효율적으로 처리할 수 있는 더 높은 지능을 구현하기 위해 안간힘을 쓰고 있다. 그런데 만일 발전한 인공지능이 인간 종을 압도하는 수준의 지능을 확보한다면, 더 이상 인류는 이 세상의 지배자가 아니게 될 것이다.

인공지능의 초창기 선구자들 역시 마찬가지로 이러한 생각을 품고는 했다. 가령 어빙 존 굿은 1965년 '지능 폭발(intelligence explosion)'이라는 개념을 구상해 상당한 주목을 받았다. 지능 폭발이란 인공지능이 재귀적 향상을 거듭한 끝에 마침내 인간을 넘어선 수준의 지능에 도달하는 현상을 가리킨다. 이후의 논자들은 이를 '특이점(singularity)'으로 명명했고, 인류가 언제쯤 특이점을 맞이할지에 대해 오랫동안 설왕설래가 이어졌다(Kurzweil, 2005). 특히 오늘날 많은 발전을 거듭한 딥러닝 기술을 바라보면서 마침내 특이점이 도래할 것이라는 강한 기대와 우려가 나타났다.

그러나 2000년대 말부터 2010년대 들어 급격히 발전한 딥러닝 기술도 특정 주제의 문제만을 해결할 수 있는 약인공지능 수준에서 벗어났다고 보기는 어려웠다. 바둑에서 프로기사를 압도한 알파고도, 신약 개발의 혁신을 이끈 알파폴드도 모두 인간 수준의 지능에 이른 강인공지능이나 지능의 영역을 범용적으로 확장한 일반 인공지능까지는 이르지 못했다. 2017년 세계 최초의 본격적인 인공지능 원칙으로 등장한 아실로마 인공지능 원칙은 장기적 이슈의 일부로 재귀적 자기 개선을 경계했지만, 그 기술적 실현 가능성 자체가 의문시되었다. 따라서 인공지능이 인간 종 전체의 지능을 추월하는 초인공지능의 실현 가능성은 논할 여지조차 없었다.

파운데이션 모델의 부상

이러한 흐름을 급격히 전환하게 한 계기가 된 것은 바로 2010년대 후반부터 시작된 초거대 인공지능 모델의 돌풍이었다. 특히 2017년 등장한 트랜스포머 모델은 단순히 그 이전 세대의 자연어 처리 기술을 향상한 수준을 넘어, 모델의 크기를 급격히 키워 경쟁 우위를 점할 수 있다는 인식의 패러다임 전환을 이루는 계기가 되었다. 이후 수년 동안 세계 각지의 글로벌 IT 기업은 경쟁적으로 인공지능 모델 및 훈련 데이터셋의 크기를 확장하는 데 심혈을 기울였다. 그리고 그 과정에서 초거대 인공지능 모델의 성능을 높이기 위한 다양한 새로운 기술이 부수적으로 등장했다.

그러던 2021년 스탠퍼드 대학의 연구자 100여 명이 현재까지도 많은 주목을 받고 있는 한 논문을 발표했다. 이 논문은 그동안 세상에 등장한 초거대 인공지능 모델 중 상당수가 그들이 명명한 일명 '파운데이션 모델(foundation model)'에 해당한다고 하면서 그동안 없던 새로운 개념을 정립했다(Bommasani et al., 2021). 이 모델은 대규모 훈련 데이터셋과 많은 매개변수의 모델을 전제로, 전반적 영역에 대한 일반적 학습 및 특정한 분야에 대한 미세조정의 이원적 구조를 통해 모델이 만들어지고 실현되는 구조를 취한다. 이는 마치 공통 교육과정을 통해 일반적 역량을 학습한 뒤 대학에서 구체적 전공을 택해 깊이 있는 교육을 받는 모습에 비유할 수 있다.

파운데이션 모델은 이전의 딥러닝 모델과 비교해 훨씬 더 일반 인공지능에 다가간 것으로 평가되고 있다. 예컨대 파운데이션 모델의 일종인 GPT-4의 여러 특성을 탐구한 몇몇 연구자들에 따르면, 이 모델은 비록 불완전하기는 해도 초기 버전의 일반 인공지능으로 볼 소지가 있다(Bubeck et al., 2023). 만일 파운데이션 모델의 어떤 근본적 작동 원리 자체가 일반 인공지능의 요소를 가지고 있다면, 지능의 수준을 개선하는 일은 재귀적 자기 개선을 통해 얼마든지 가능할 것이다.

스탠퍼드 연구진에 따르면 파운데이션 모델이 이처럼 일반 인공지능의 성격을 갖게 된 원인으로는 두 가지 특성을 지적할 수 있다. 하나는 개별 구성 요소의 연결망이 만들어 낸 상호작용을 통해 양적 성장이 일정 시점에 이르러 질적 도약으로 발현되는 '창발성(emergence)'이다. 창발성을 통해 파운데이션 모델은 인간이 이해할 수 없는 경로를 통해 인간 수준 또는 인간 이상의 지능을 발현할 수 있게 된다. 다른 하나는 여러 영역의 문제를 단일 모델을 통해 해결하는 '균질화(homogenization)'다. 균질화를 통해 파운데이션 모델은 일반 인공지능을 추구하고 그에 다다를 수 있게 된다.

파운데이션 모델이 인공지능 발전사의 종착지가 될지는 알 수 없지만, 앞선 신기술을 볼 때 그렇지 않을 가능성이 더 클 것이다. 다만 파운데이션 모델이 등장한 전후로 인공지능 분야가 급격히 변화한 것만큼은 분명한 사실이다. 특히 2022년 말 등장한 뒤 세계를 놀라게 한 챗GPT는 인공지능에 별반 관심이 없던 대중조차 파괴적 혁신이 무엇인지를 몸소 체험하는 계기가 되었다. 분명한 것은, 인공지능 기술은 일반 인공지능을 향해 무서운 속도로 진격하고 있다는 사실이다.

창발적 해악과 위험

우리가 기억해야 할 중요한 사실 하나는 인공지능은 편익만을 만들어 내지도, 해악만을 만들어 내지도 않는다는 것이다. 인공지능은 편익과 해악을 함께 창출한다.

그렇다면 파운데이션 모델의 창발성은 편익과 해악의 두 방향으로 함께 뻗어 나갈 수 있다는 생각을 가져 볼 수 있다. 오늘날 인공지능은 인간의 두뇌를 모사한 인공 신경망을 기반으로 하고 있지만, 이는 엄연히 두뇌 그 자체는 아니다. 소프트웨어뿐만 아니라 하드웨어 측면에서도 생체와 반도체는 크게 다른 특성을 가지고 있다. 따라서 인공지능은 언제든 인간이 예측하기 어려운 방식으로 자신의 지능을 구현할 소지가 있고, 우리는 이러한 창발적 해악과 위험을 면밀히 경계할 필요가 있다(박도현, 2021).

물론 인공지능이 창발적 해악과 위험을 만들어 낼 가능성이 있다고 해서 세상 모든 인공지능 개발이 금지되어야 한다는 결론에 이르는 것은 명백히 부당한 일이다. 인류가 멸종할 수 있는 위험은 인공지능에 국한되지 않는데, 그렇다고 그동안 이 모든 행위를 규제한 것은 아니기 때문이다. 앞으로 우리가 취해야 하는 바람직한 자세는 한편으로는 인공지능의 창발성에 대한 이해를 확장하면서, 다른 한편으로는 그럼에도 맞닥뜨리는 불확실성에 대해 혁신과 규제 어느 한쪽에만 치우치지 않은 균형 잡힌 시각을 유지하는 것이다.

참고문헌

박도현(2021). "인공지능과 해악: 창발적 해악론을 중심으로". 서울대학교 법학박사학위논문.

Bommasani, R., et al.(2021). On the opportunities and risks of foundation models. *arXiv preprint arXiv:2108.07258.*

Bubeck, S., et al.(2023). Sparks of artificial general intelligence: Early experiments with gpt-4. *arXiv preprint arXiv:2303.12712.*

Kurzweil, R.(2005). *The singularity is near.* Penguin.

박도현

GIST(광주과학기술원) AI대학원 조교수다. 서울대학교에서 경제학 학사, 법학 전문석사, 법학 박사학위를 받았다. 제5회 변호사시험을 합격했다. 박사학위 논문("인공지능과 해악: 창발적 해악론을 중심으로")으로 제6회 홍진기법률연구상 대상을 수상했다(2021). 서울대학교 컴퓨터공학부에서 'AI와 법' 과목을 강의했다(2021~2023). 과학기술정보통신부 인공지능 법제정비단 및 적극행정위원회, 전라남도자치경찰위원회 위원을 역임했거나 하고 있다. 주요 저서로 『포스트 챗GPT』(공저, 2023), 『인공지능 시대의 개인정보 보호법』(공저, 2022), 『인공지능 원론』(공저, 2021)이 있다. 주요 논문으로 "Automated decision-making in South Korea"(교신, 2024), "인간 편향성과 인공지능의 교차"(단독, 2022) 등이 있고, 약 20편의 논문을 KCI, SCIE, SSCI 등재학술지에 게재했다.